“十四五”职业教育国家规划教材配套用书

icve 智慧职教 高等职业教育在线开放课程配套教材

建筑工程制图习题集（第三版）

JIANZHU GONGCHENG ZHITU XITIJI

主　编　危道军　程红艳
副主编　刘　严　邹宏萍

新形态教材

中国教育出版传媒集团
高等教育出版社·北京

内容简介

本书是“十四五”职业教育国家规划教材《建筑工程制图》(第三版)的配套习题集,是结合高等职业教育教学改革的实践经验修订而成的。

本书主要内容包括:字体练习、徒手画直观图、线型练习、点的投影、直线的投影、平面的投影、基本平面立体的投影、基本曲面立体的投影、基本体轴测投影、组合体投影、组合体轴测图、补画投影、剖面图与断面图、建筑施工图、结构施工图、装饰施工图。

本书可作为高等职业院校建筑工程制图课程的配套练习教材。

图书在版编目(CIP)数据

建筑工程制图习题集 / 危道军，程红艳主编. 3 版. -- 北京 : 高等教育出版社，2025. 6. -- ISBN 978-7-04-064867-6

Ⅰ. TU204-44

中国国家版本馆 CIP 数据核字第 20257H3T24 号

策划编辑 班天允 **责任编辑** 谢永铭 班天允 **封面设计** 张文豪 **责任印制** 高忠富

出版发行	高等教育出版社	**网 址**	http://www.hep.edu.cn
社 址	北京市西城区德外大街 4 号		http://www.hep.com.cn
邮政编码	100120	**网上订购**	http://www.hepmall.com.cn
印 刷	上海盛通时代印刷有限公司		http://www.hepmall.com
开 本	787mm×1092mm 1/16		http://www.hepmall.cn
印 张	8	**版 次**	2014 年 8 月第 1 版
字 数	113 千字		2025 年 6 月第 3 版
购书热线	010-58581118	**印 次**	2025 年 6 月第 1 次印刷
咨询电话	400-810-0598	**定 价**	22.00 元

物 料 号 64867-00

第三版前言

本书为“十四五”职业教育国家规划教材《建筑工程制图》(第三版)的配套习题集。

本书自出版以来,受到了广大读者的一致好评。借这次全媒体教材改编修订,我们充分吸收建筑工程制图新规范、新标准,开发完善了在线课程,包含平面动画、三维模型、案例库、云题库等资源,并对教材进行彩色印制,使之更加适合学生自主学习。

本书由危道军、程红艳担任主编,刘严、邹宏萍担任副主编,参加修订工作的还有董娟、李聪聪、丁文华、刘卓珺、余杨。本书修订和全媒体资源开发过程中得到了武汉光谷职业学院、湖北城市建设职业技术学院、长江职业学院、武汉建工集团有限公司等单位的大力支持,在此表示衷心的感谢。

由于修订时间仓促,编者水平有限,书中难免存在不足之处,敬请读者批评指正。

编　者

第一版前言

本书是“十二五”职业教育国家规划教材《建筑工程制图》的配套习题集，经全国职业教育教材审定委员会审定。本书是依据教育部最新印发的《高等职业学校专业教学标准(试行)》中关于本课程的教学要求，并参照相关的国家职业技能标准和行业职业技能鉴定规范编写而成的。

本书与危道军主编的《建筑工程制图》配套使用。

本书除有较多的基本练习外，还有一部分带 * 号的内容，是配合教材中加深加宽的内容而编写的，各校可根据情况酌情选用。

本书全部采用了最新颁布的《技术制图》《建筑制图》等有关国家标准。

本书可作为高等职业院校建筑工程技术、建筑装饰工程技术、建筑设备工程技术等专业“建筑工程制图”课程的配套教材，也可供相关工程技术人员参考。

本书由主编危道军及相关教学一线骨干教师、行业专家组成的编写团队共同编写。由危道军、程红艳任主编，高洁、杜丽丽任副主编。参加资料收集和部分内容编写工作的还有张力、冯晨、王献文、文益明、李超等。

由于编者水平有限，加之时间仓促，书中难免存在不足之处，恳请广大读者批评指正。

编　者

目　　录

横	竖	撇	捺	点	挑

钩	折

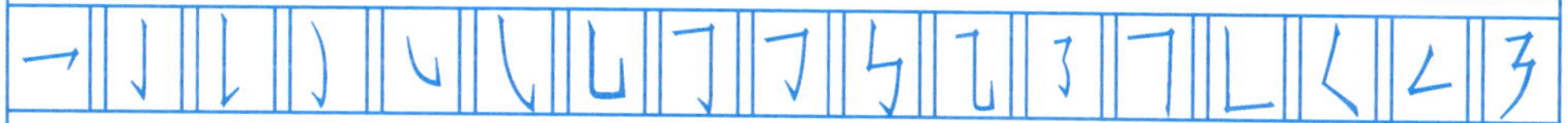

三七子十土仁月千又人达下点上平江 扎予丁长犹心戈元司力与几阡因区女允延

字体练习（一）	班级		姓名		日期	

建筑制图设计说明总平面立剖详东西南北房屋基

础墙柱梁挡板楼梯框架承重结构门窗阳台雨篷勒

脚散坡沟洞槽材料强度水泥砂石钢筋混凝土灰浆

字体练习（二）	班级		姓名		日期	

制图正投影平立侧
放大剖面折裂比例

结构紧密宿舍住院食堂中小
厨房盥洗厕所淋浴施说总地
北鸟瞰透视标造节点样比尺
形独铁基础置深度避潮清内
格蓬雨价过圈梁房屋内窗台
栏扦阳木槽多孔心予预应板
封檐棚压顶儿女山墙坡度讯

石灰粉面加奶黄涂料刷白二度建
台用灰黑水磨石面层用白色涂料
层深绿色菱格瓷砖贴面扶手弯头
对焊成方形钢管插铁穿孔后打弯
出水铁栅镀锌管雨篷板底标高施
则应与圈梁拉通木榫中括号内注

字体练习（三）	班级		姓名		日期	

0123456789IVXΦ

ABCDEFGHIJKLMNOPQRSTUVWXYZ

abcdefghijklmnopqrstuvwxyz

字体练习（四）	班级		姓名		日期	

字体练习（五）	班级		姓名		日期	

在方格纸上徒手画出右边的直观图。

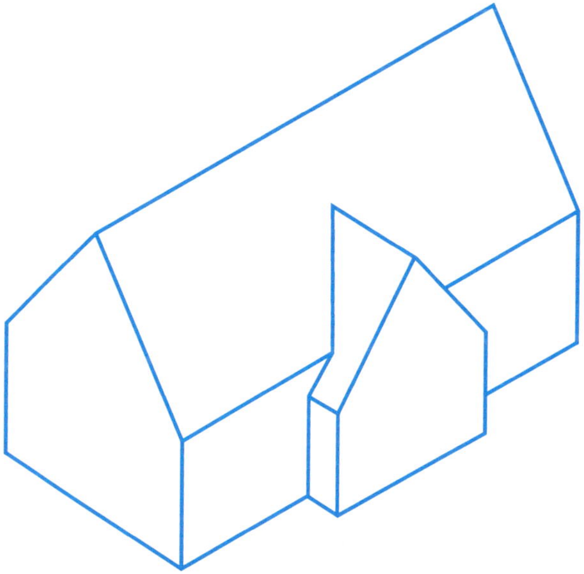

徒手画直观图（一）	班级		姓名		日期	

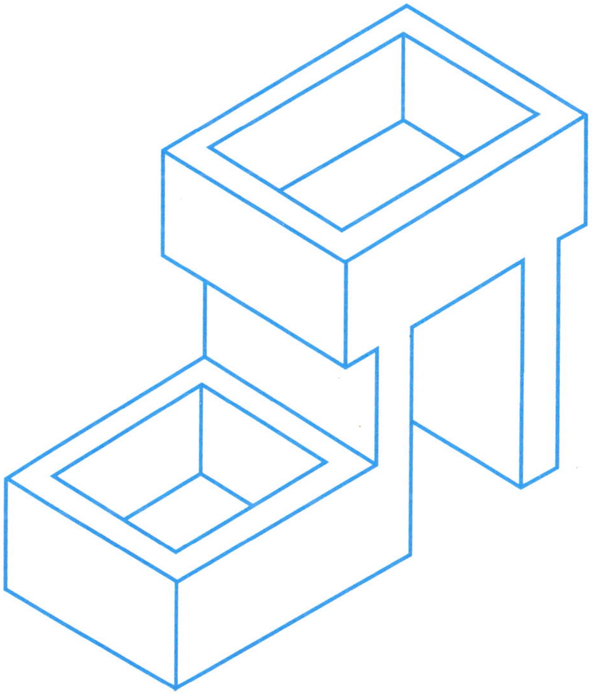

徒手画直观图（二）	班级		姓名		日期	

用铅笔在A3图纸上抄绘所给图样(比例1:1),要求线型分明、交接正确。

1.

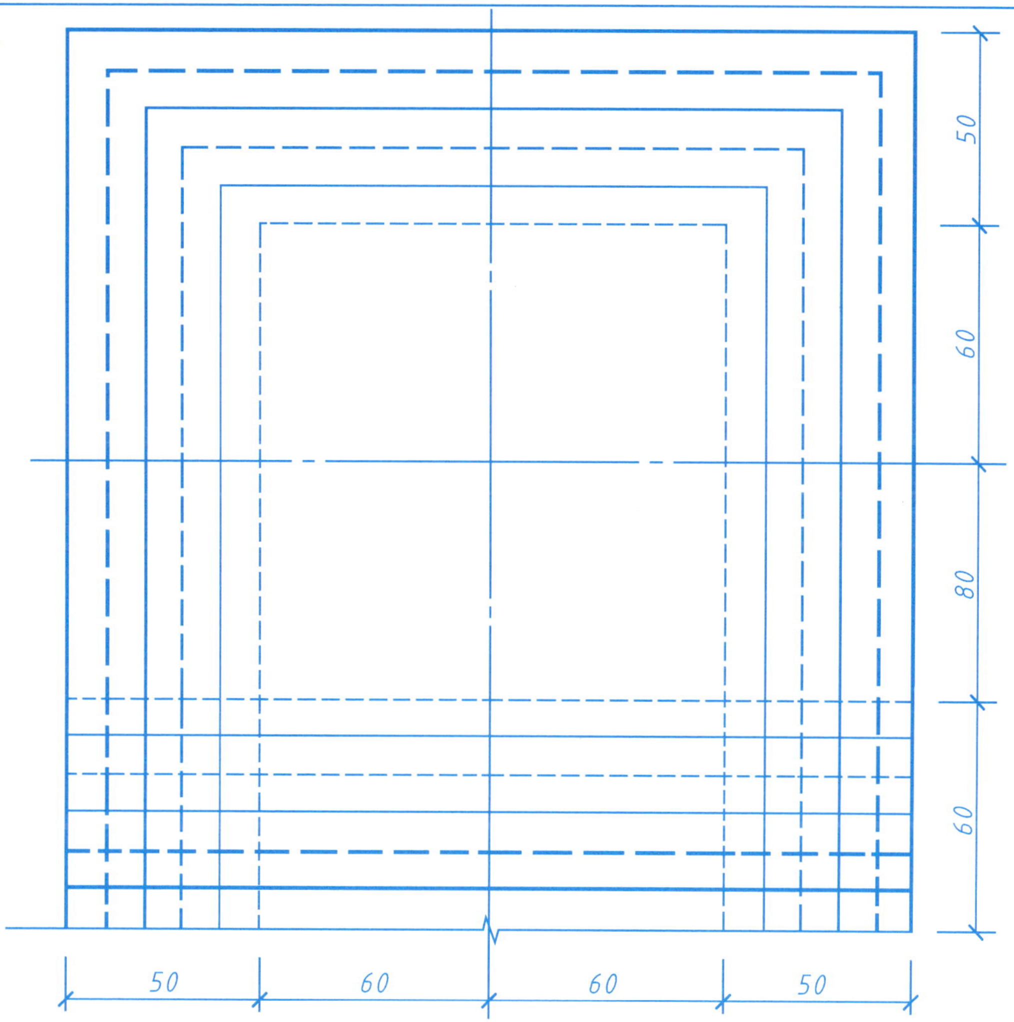

2.

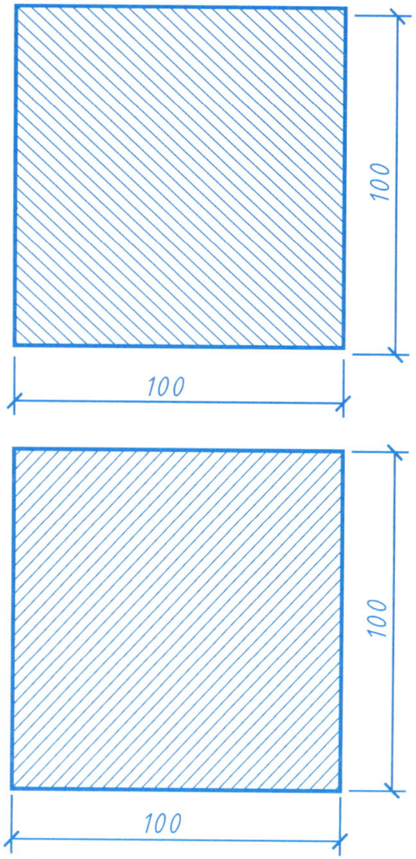

线型练习(一)	班级		姓名		日期	

3.

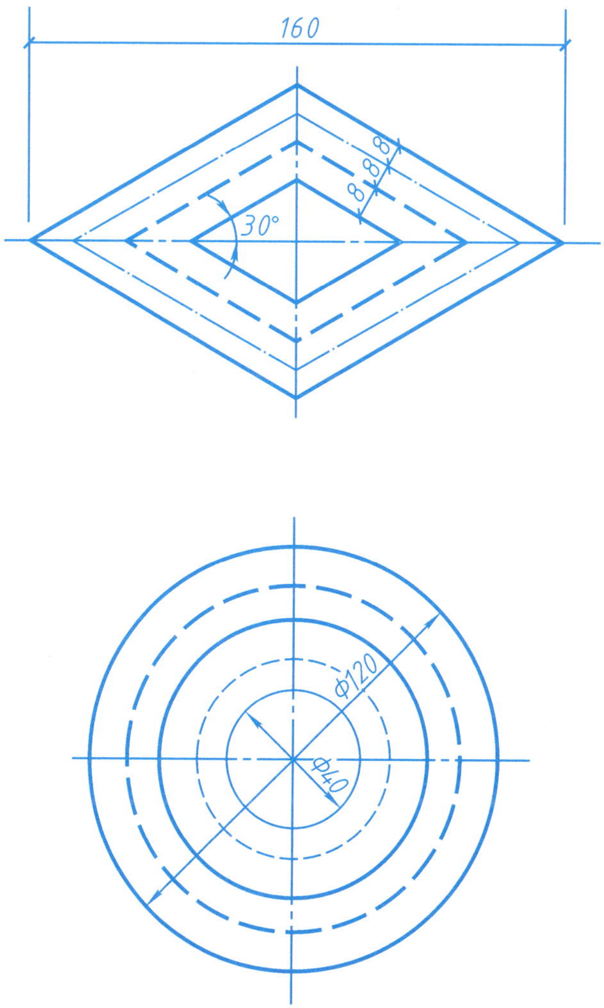

4.

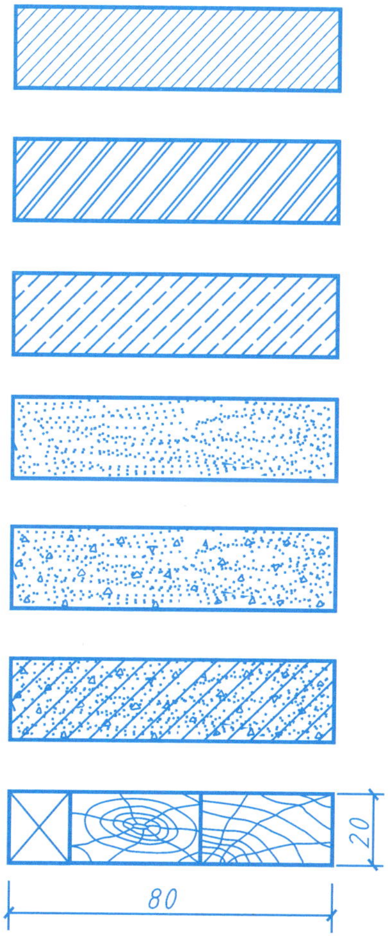

线型练习（二）	班级		姓名		日期	

1. 已知A、B、C三点的直观图，画出它们的投影图。

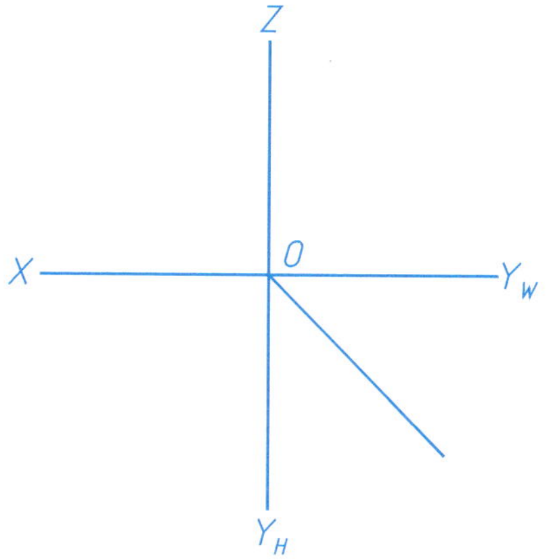

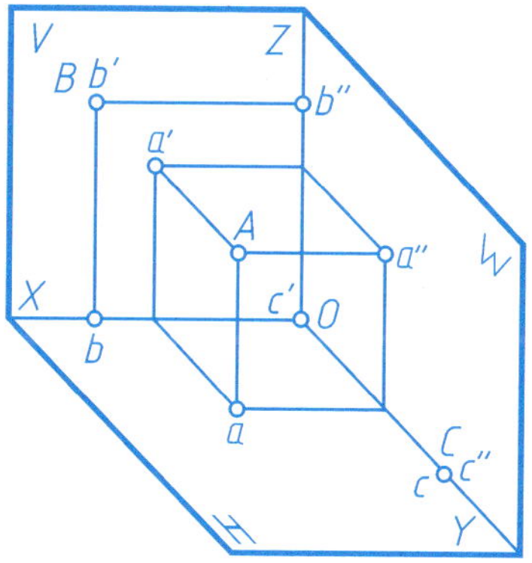

2. 已知点的两面投影，求作第三面投影。

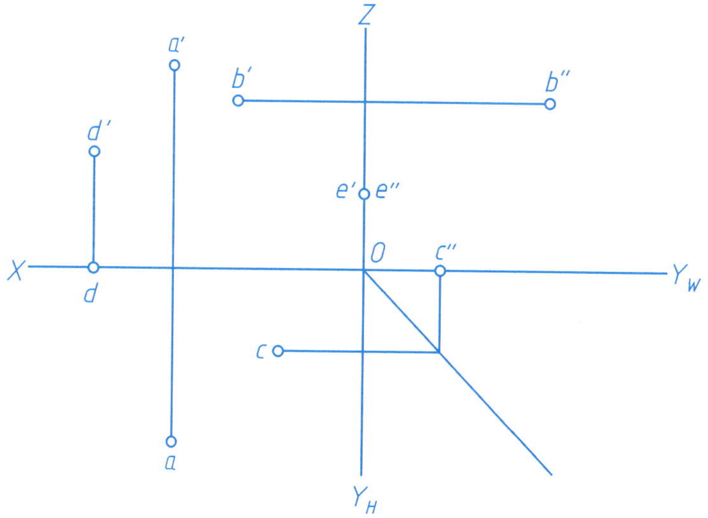

点的投影（一）	班级		姓名		日期	

3. 已知三点A(20, 15, 25), B(0, 25, 15), C(25, 0, 0)的坐标值，画出点A, B, C的三面投影及其直观图，A在____，B在____，C在____。

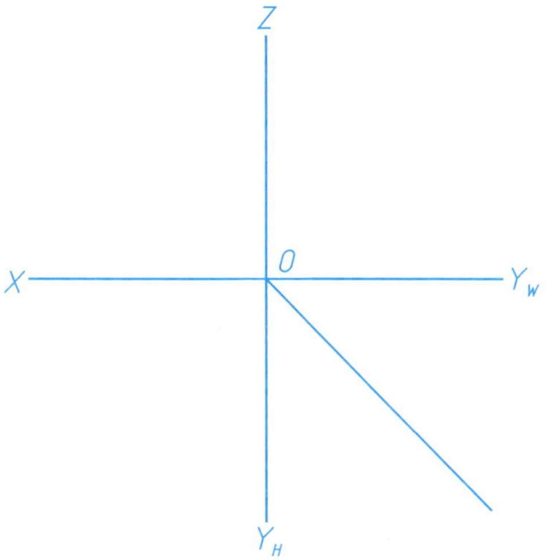

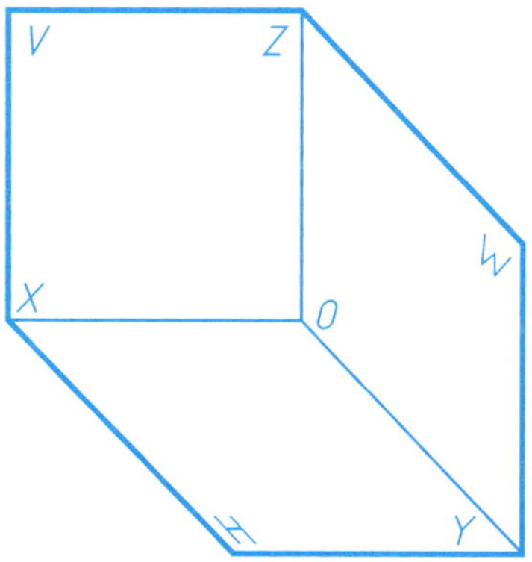

4. 根据表1所给距离，作出各点的三面投影(单位: mm)。

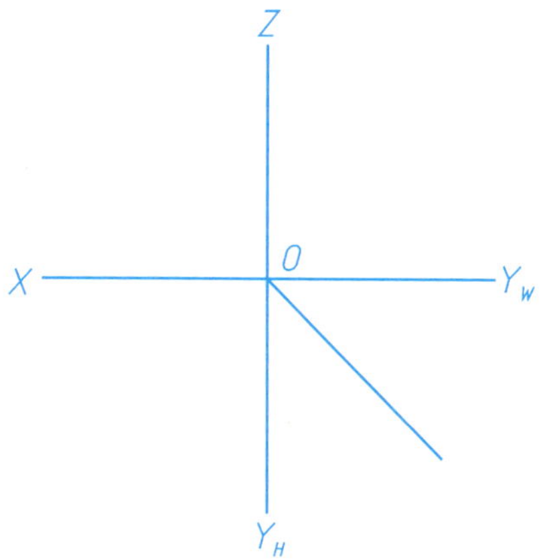

表1

点	距H面	距V面	距W面
A	10	5	10
B	0	15	0
C	0	10	20
D	15	0	5
E	15	20	0

点的投影(二)	班级		姓名		日期	

5. 已知房屋的立体图和投影图，把 A,B,C,D 各点标注到投影图上的对应位置，并判断重影点的可见性。

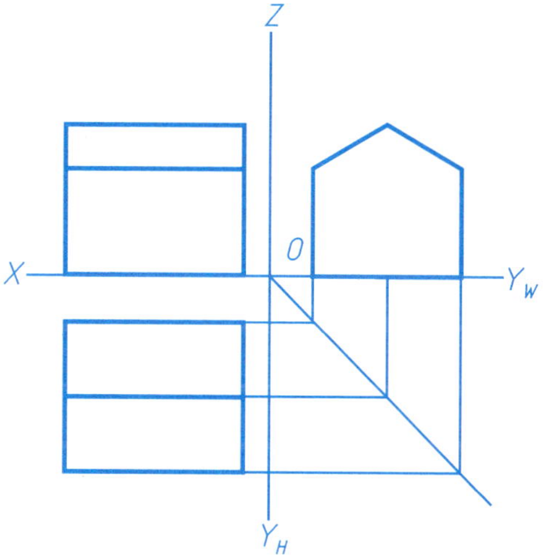

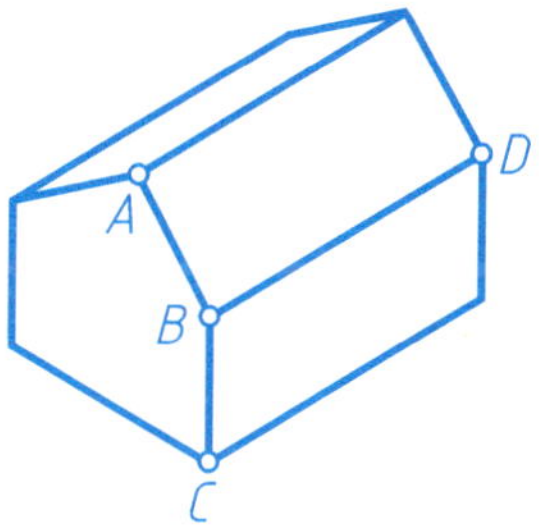

6. 已知点 A,B,C 的三面投影，将它们的坐标值填入括号内。

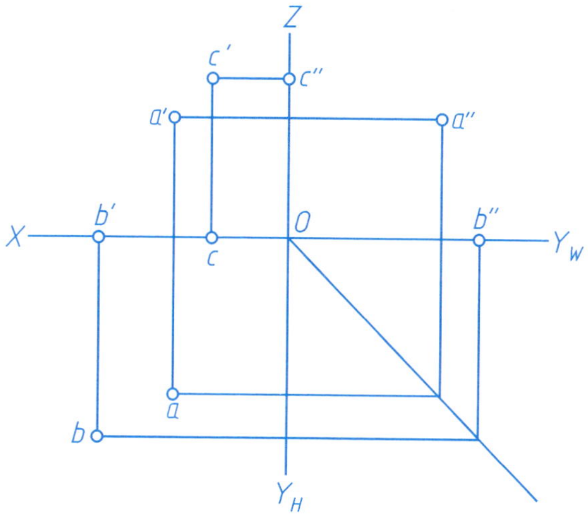

A(　　　), B(　　　), C(　　　)。

点的投影（三）	班级		姓名		日期	

7. 已知A,B,C三点的投影，试判断A,B两点对点C的相对位置，并作出直观图。

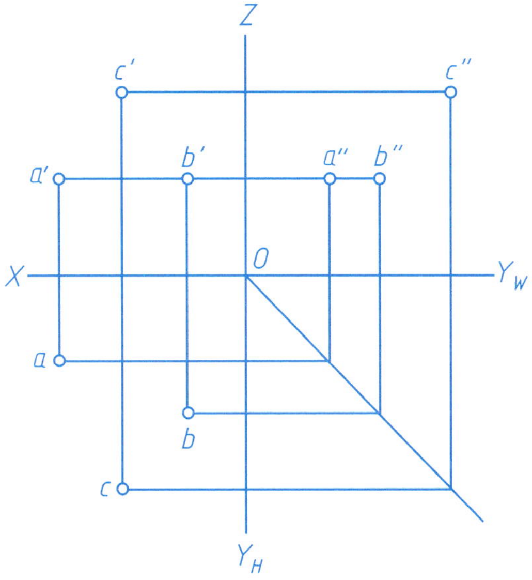

8. 已知点C的三面投影，点D在点C的前方5 mm、左方10 mm、下方15 mm，作出点D的三面投影。

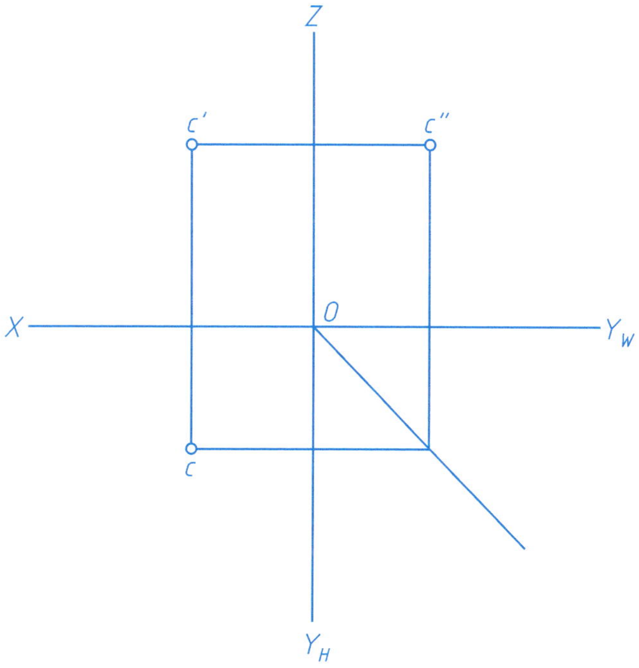

点的投影（四）	班级		姓名		日期	

9. 求下列各题中各点的W面投影和直观图，并将投影图和直观图中每两点连成直线。

(1)

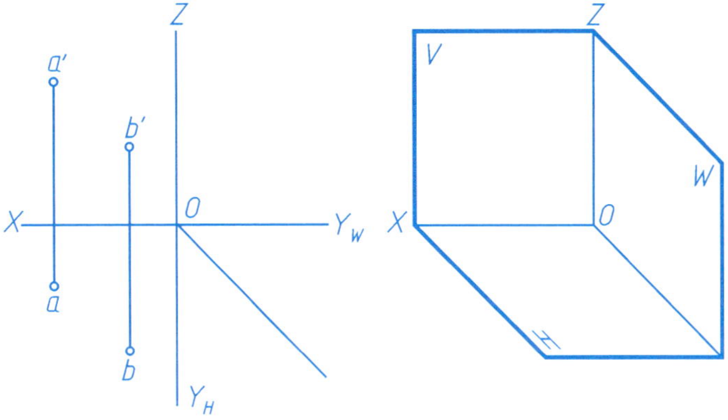

(2)

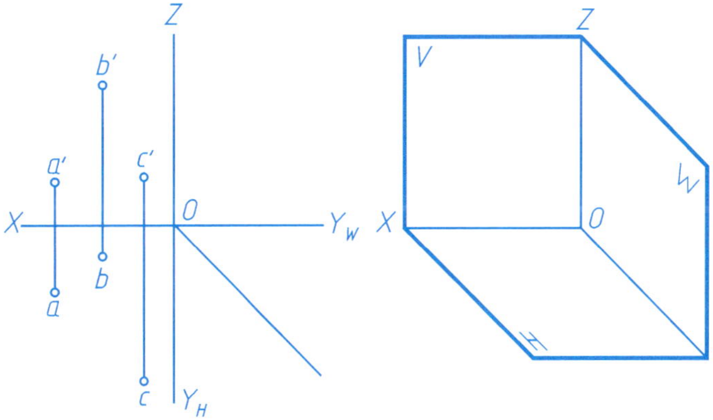

10. 已知点$S(20,15,25)$，$A(25,5,0)$，$B(20,25,0)$，$C(5,5,0)$的坐标，求作各点的投影图和直观图，并将投影图和直观图中每两点连成直线。

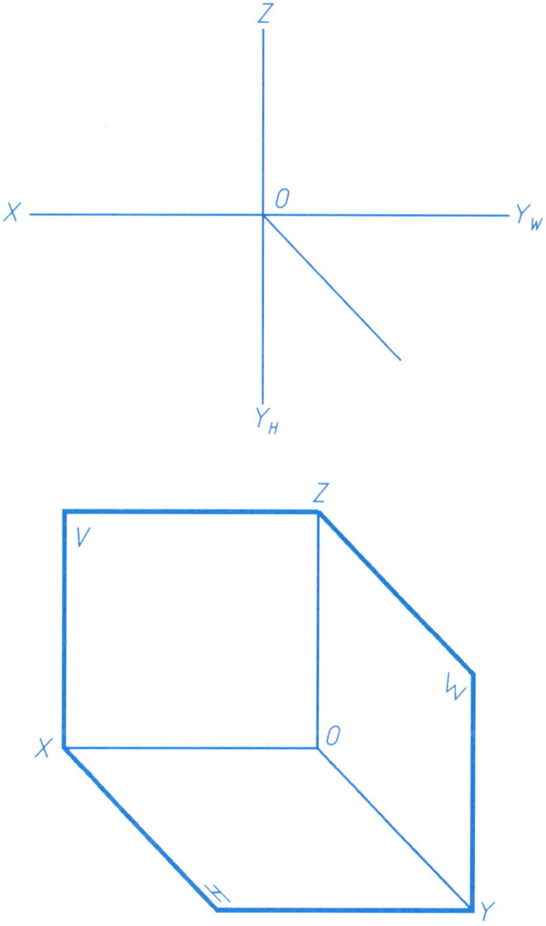

点的投影（五）	班级		姓名		日期	

1. 试求作下列直线的第三面投影，并判断其对投影面的相对位置。

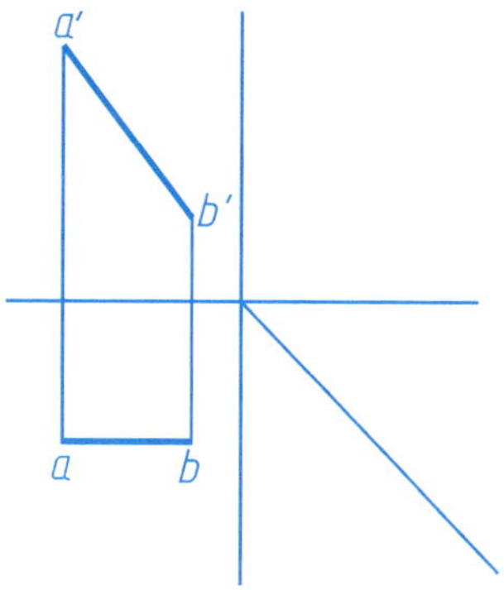

AB是________线。

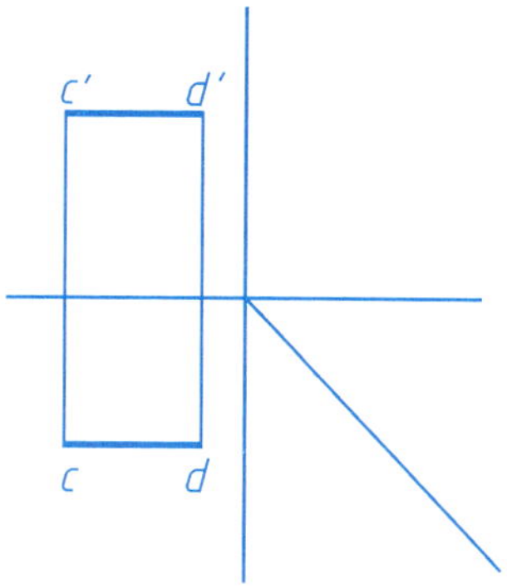

CD是________线。

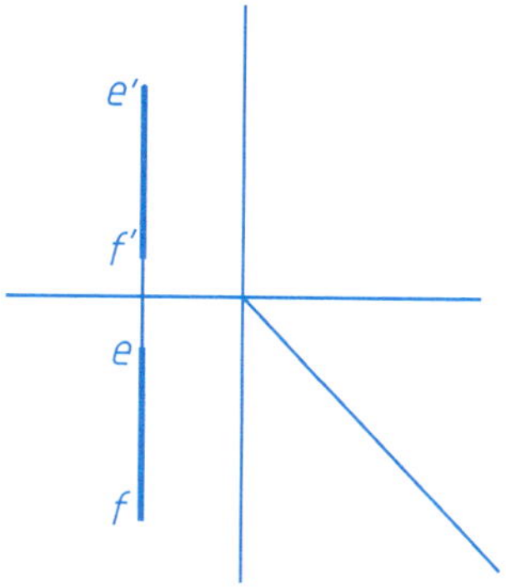

EF是________线。

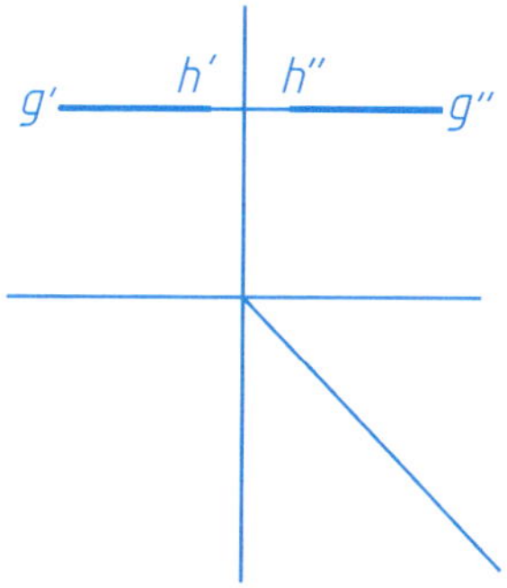

GH是________线。

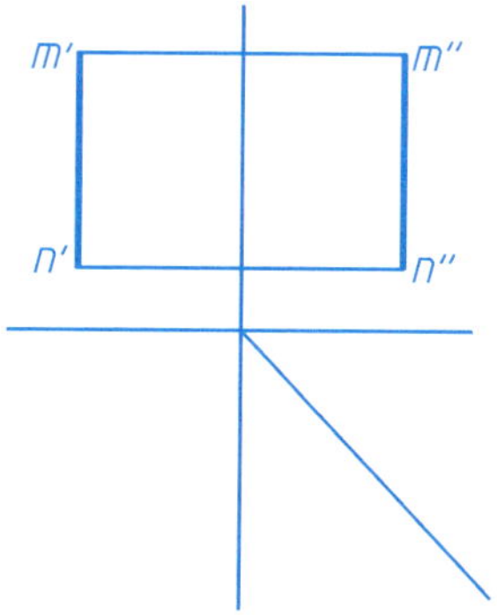

MN是________线。

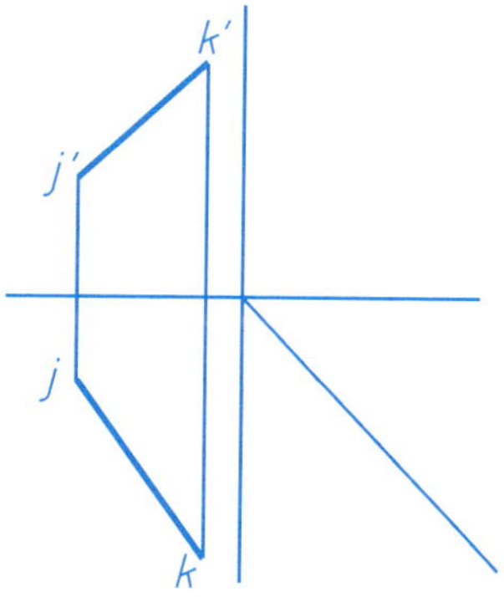

JK是________线。

直线的投影（一）	班级		姓名		日期	

2. 判断下列各直线是何种位置直线。

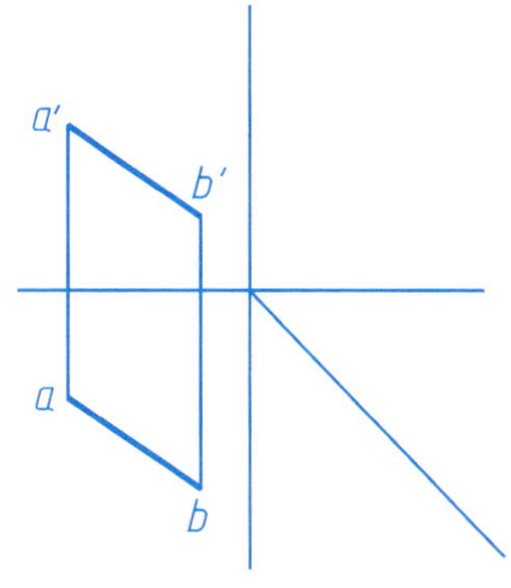

AB是________线。

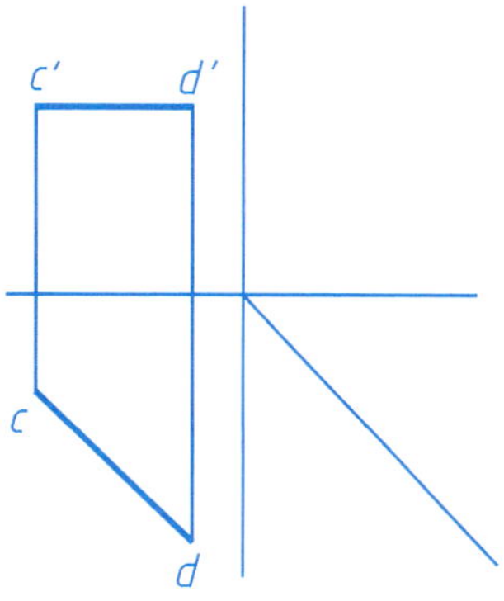

CD是________线。

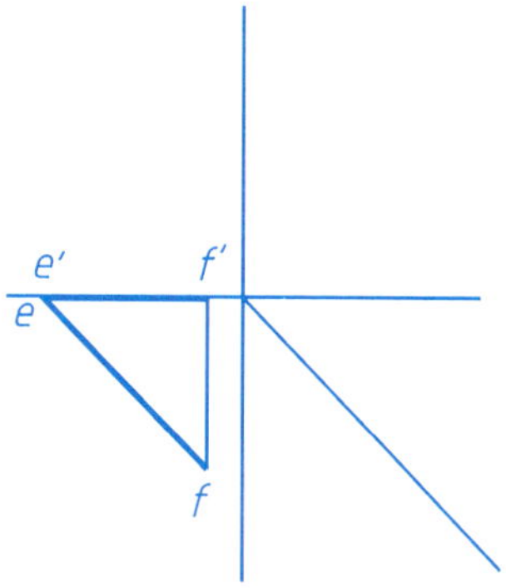

EF是________线。

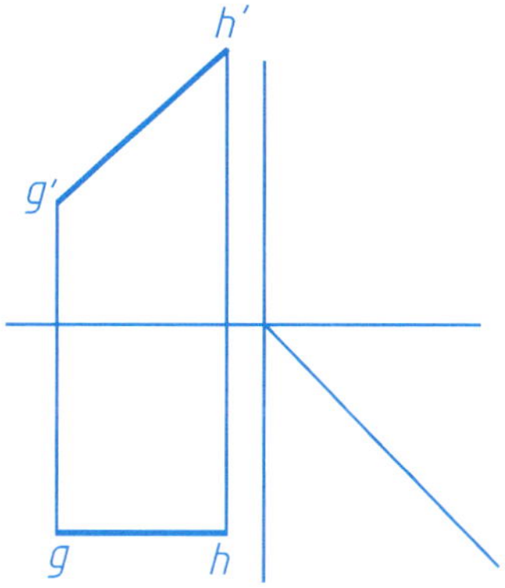

GH是________线。

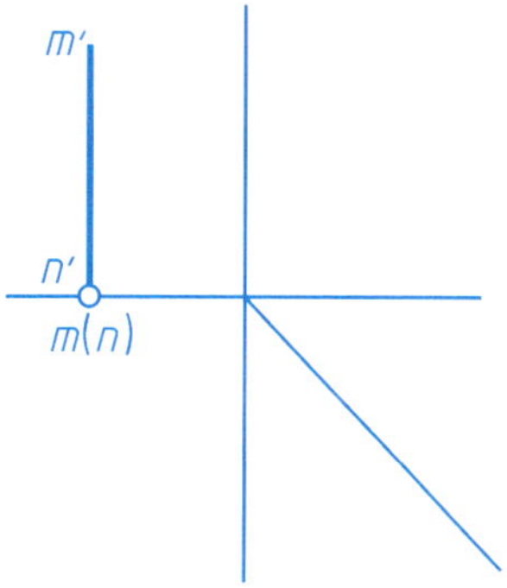

MN是________线。

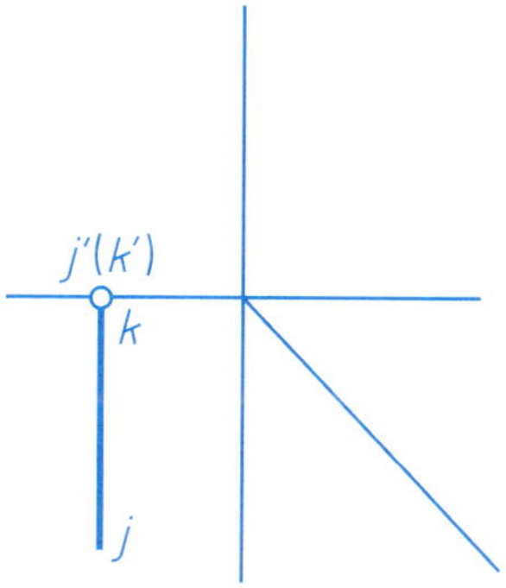

JK是________线。

直线的投影（二）	班级		姓名		日期	

*3. 试作出直线段 *AB* 的实长及对投影面的倾角。

(1)

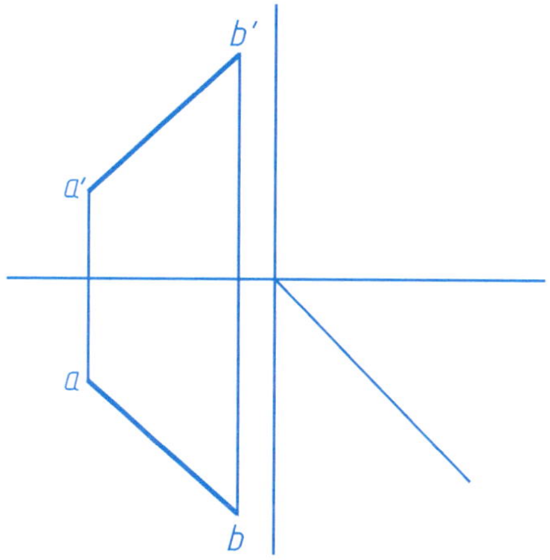

(2)

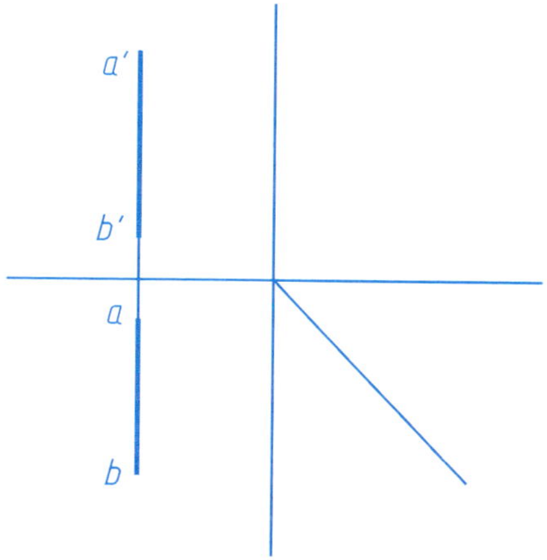

*4. 已知直线段 *AB* 的实长为40 mm，试完成 *AB* 的 *V* 面投影。

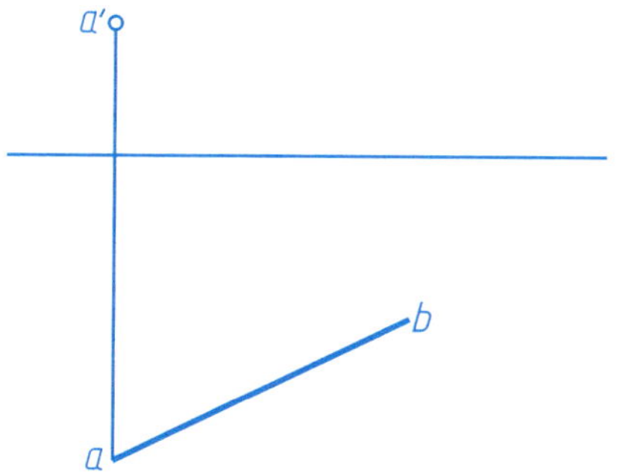

*5. 在直线段 *AB* 上求一点 *C*，使 *AC*:*CB*=2:3。

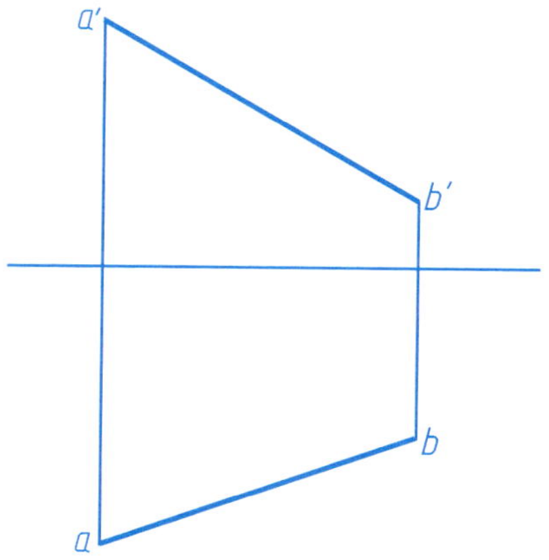

直线的投影（三）	班级		姓名		日期	

6. 判断下列各点是否在直线上。

(1)

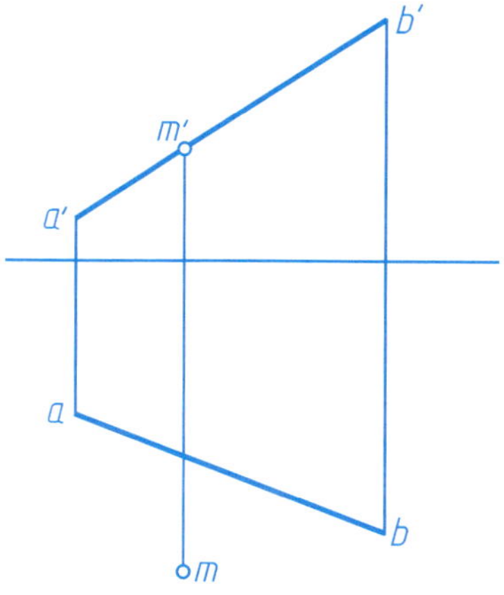

点 M________直线 AB 上。

(2)

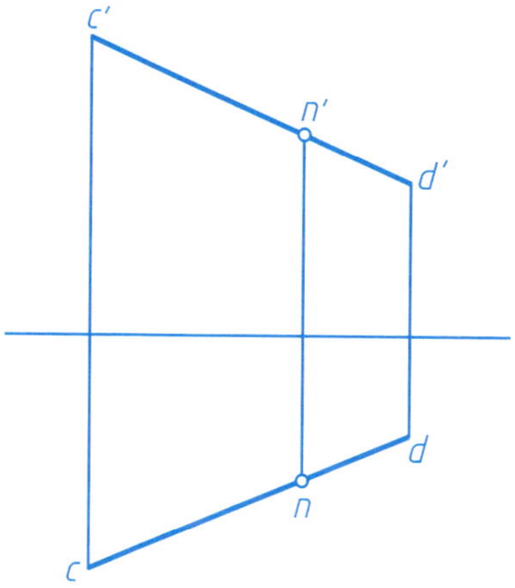

点 N________直线 CD 上。

(3)

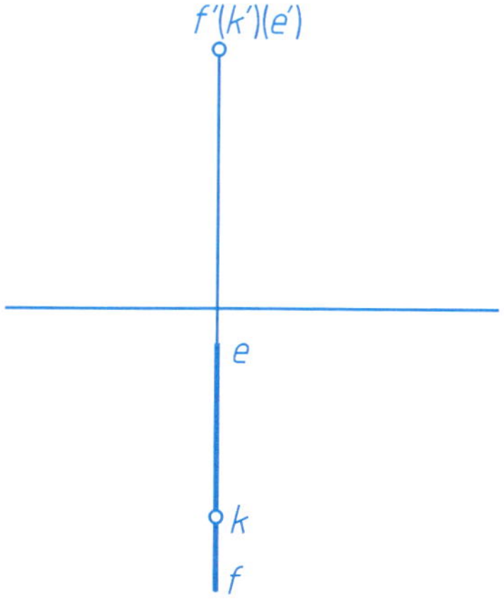

点 K________直线 EF 上。

(4)

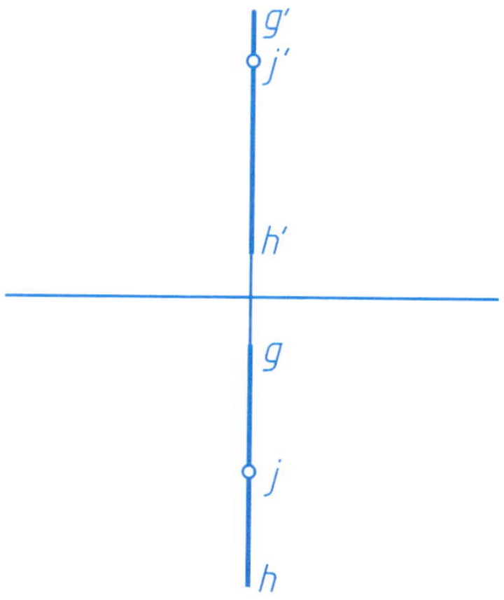

点 J________直线 GH 上。

直线的投影（四）	班级		姓名		日期	

1. 求下列平面的第三面投影，并判断平面的空间位置。

(1)

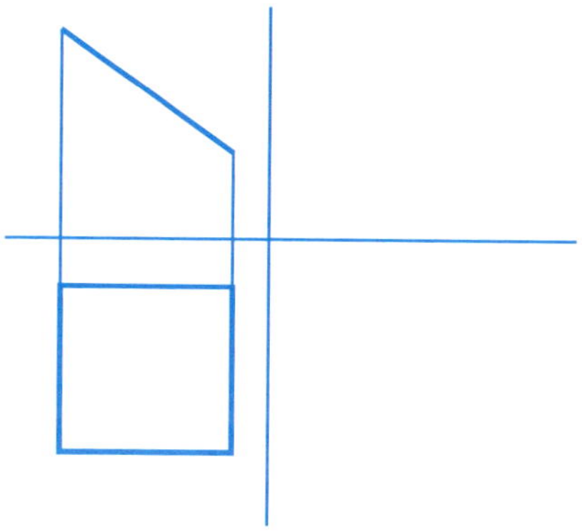

该平面是______面。

(2)

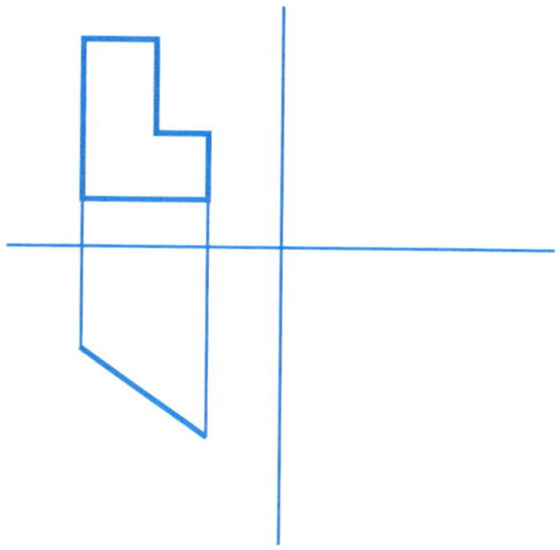

该平面是______面。

(3)

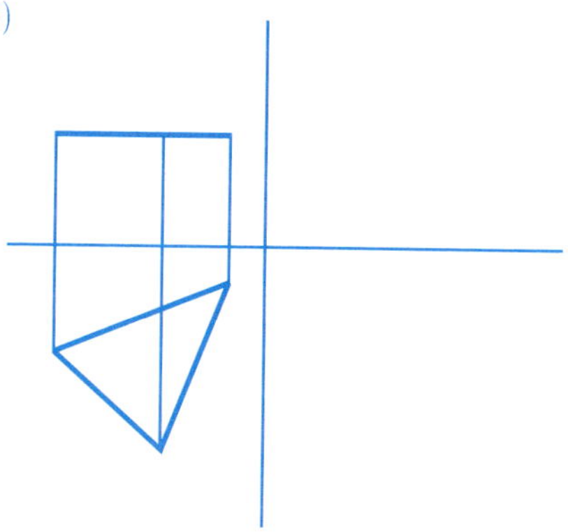

该平面是______面。

(4)

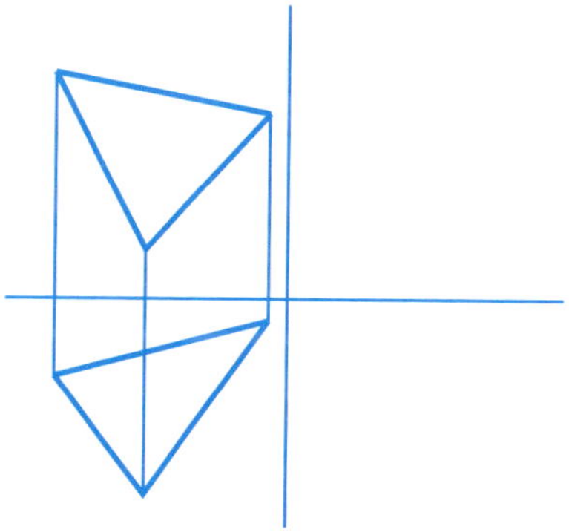

该平面是______面。

(5)

该平面是______面。

(6)

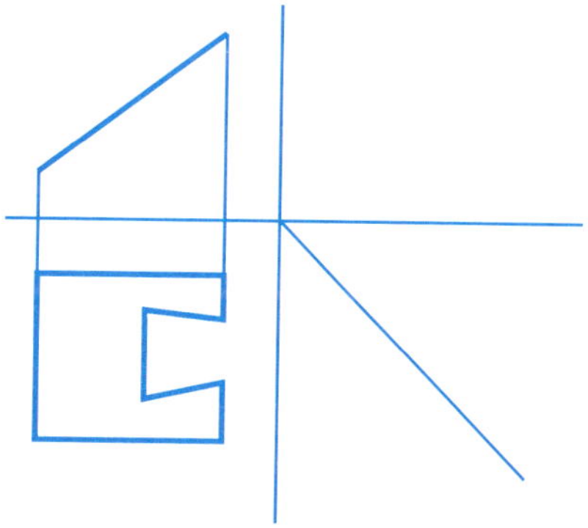

该平面是______面。

平面的投影（一）	班级		姓名		日期	

2. 试作出下列平面的第三面投影，并判断其与投影面的相对位置。

(1)

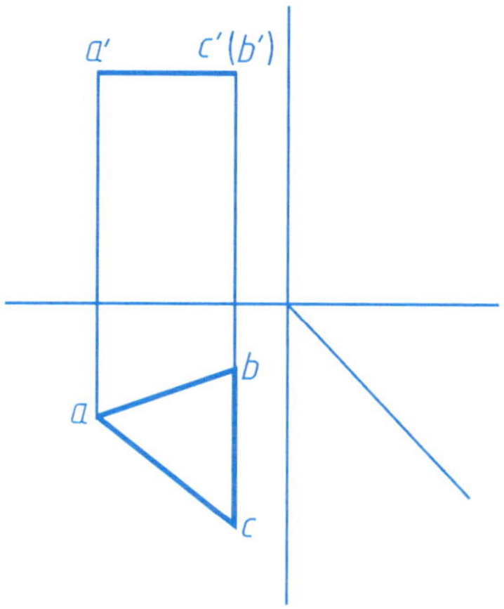

平面ABC是__________面。

(2)

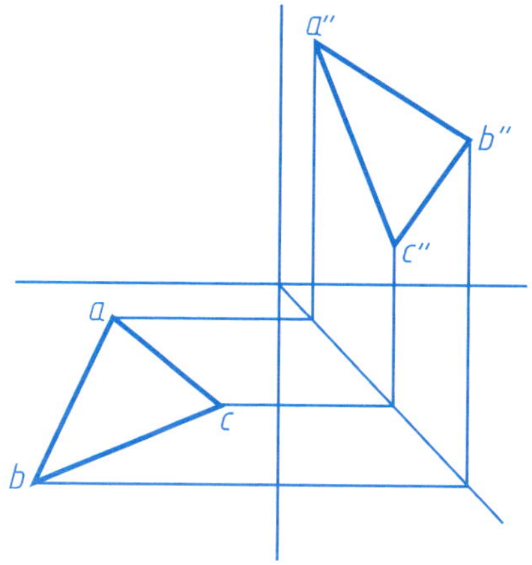

平面ABC是__________面。

3. 根据投影图中的标注，在直观图的相应位置注写平面P，Q，R，S 的符号，并判断它们与投影面的相对位置。

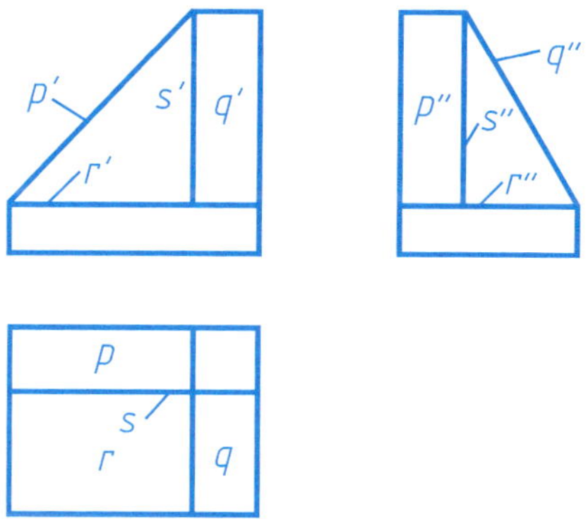

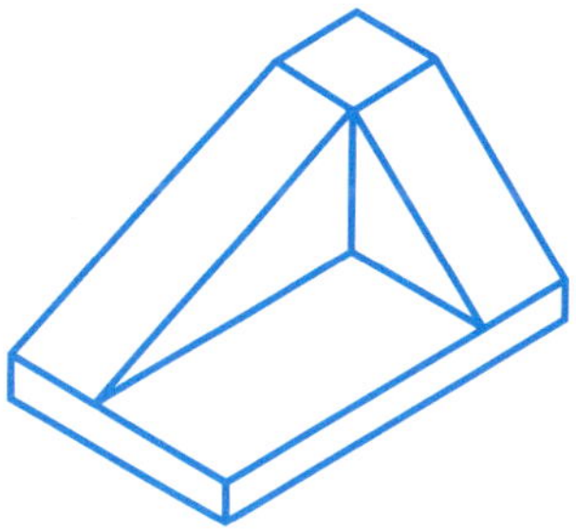

平面P是__________面。

平面Q是__________面。

平面R是__________面。

平面S是__________面。

平面的投影（二）	班级		姓名		日期	

4. 指出下列各平面的空间位置。

(1)

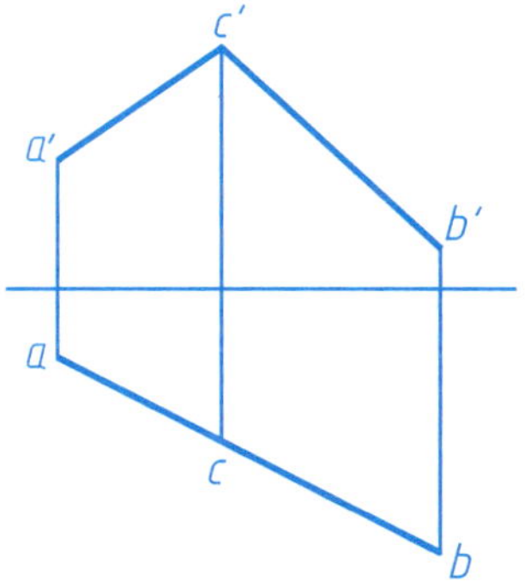

平面ABC是________面。

(2)

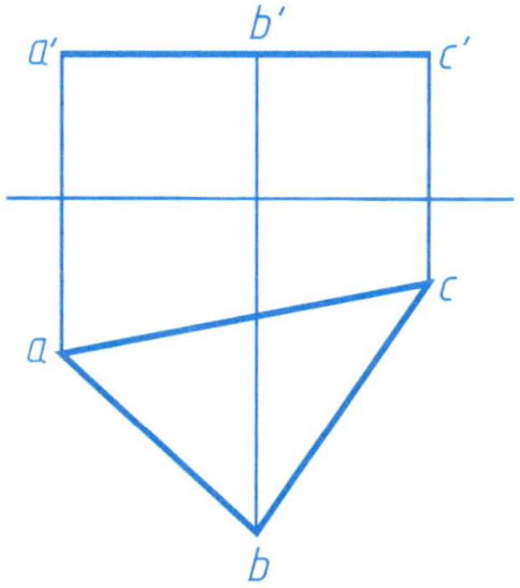

平面ABC是________面。

(3)

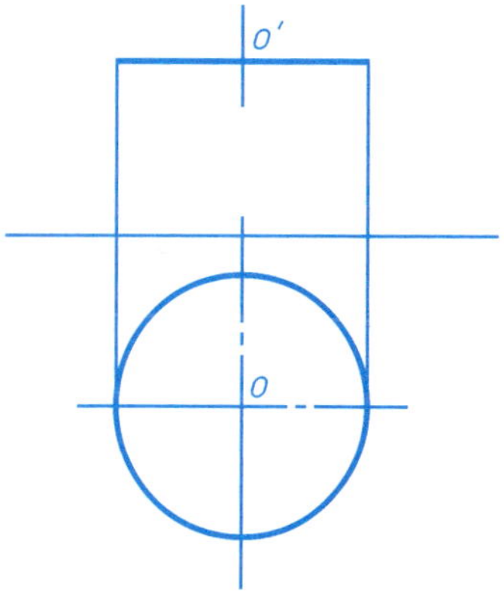

平面O是________面。

(4)

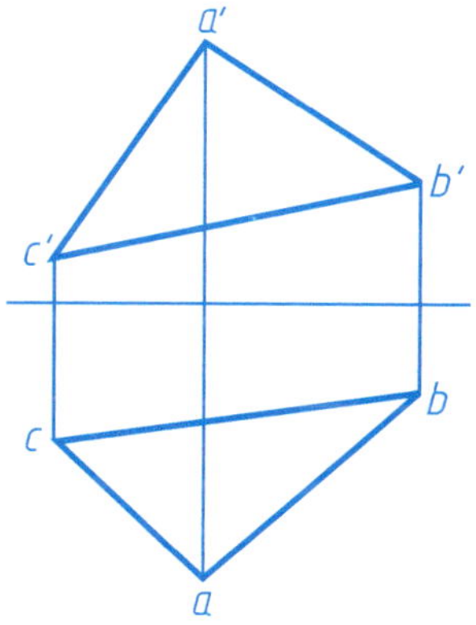

平面ABC是________面。

平面的投影（三）	班级		姓名		日期	

5. 作侧平面ABC的正面投影及水平投影。

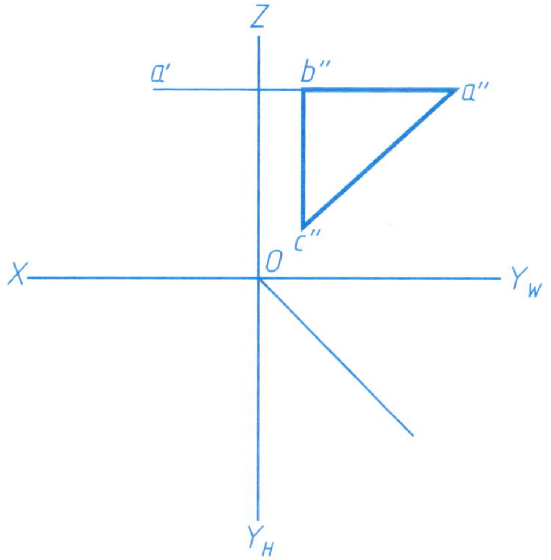

6. 判断点M,N是否在三角形ABC所在的平面上。

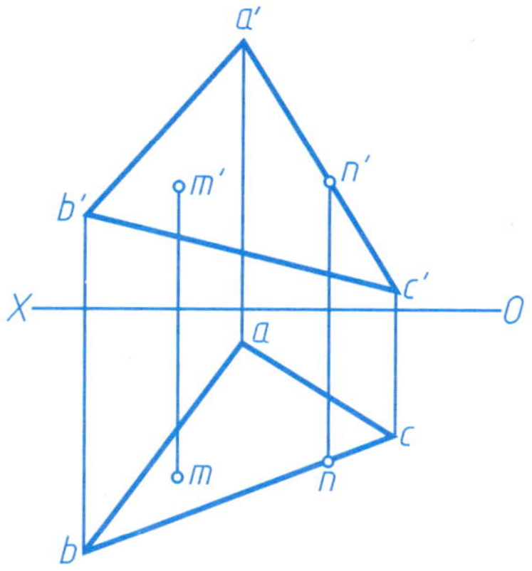

点M______平面ABC上。
点N______平面ABC上。

7. 直线EF在三角形ABC所在的平面上，已知直线EF的一个投影，试求另一个投影。

(1)

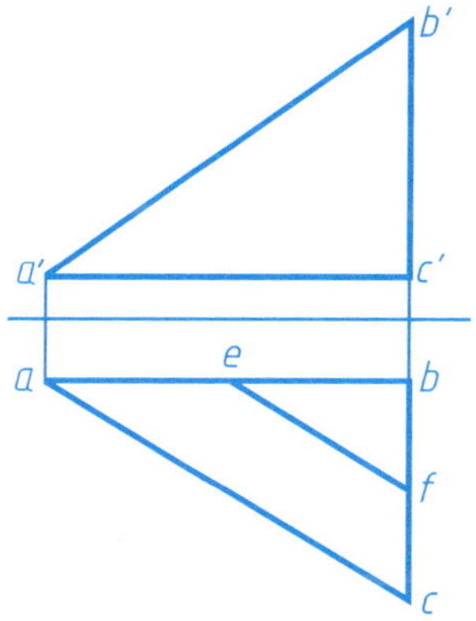

(2)

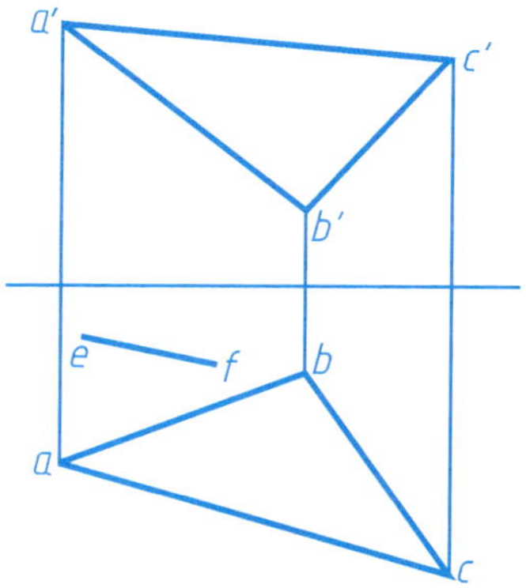

平面的投影（四）	班级		姓名		日期	

8. 点*K*在三角形*ABC*所在的平面上，并知其一个投影，求作点*K*的其他面的投影。

(1)

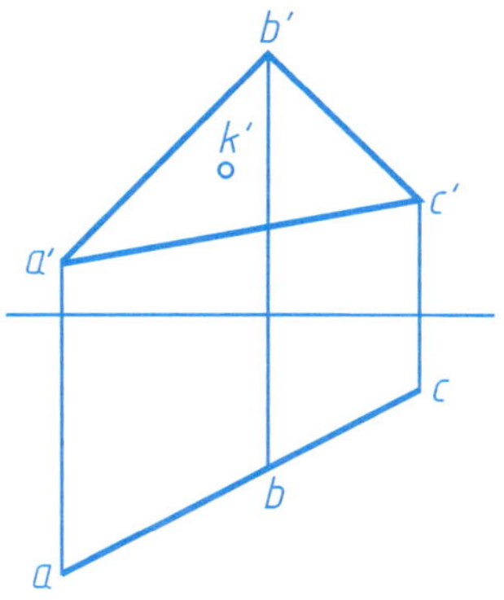

(2)

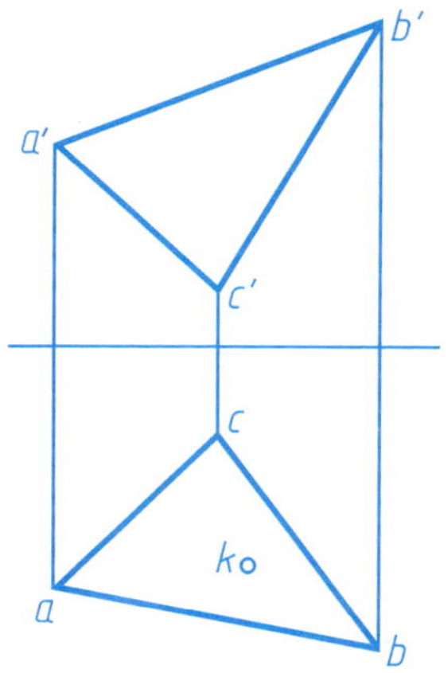

(3)

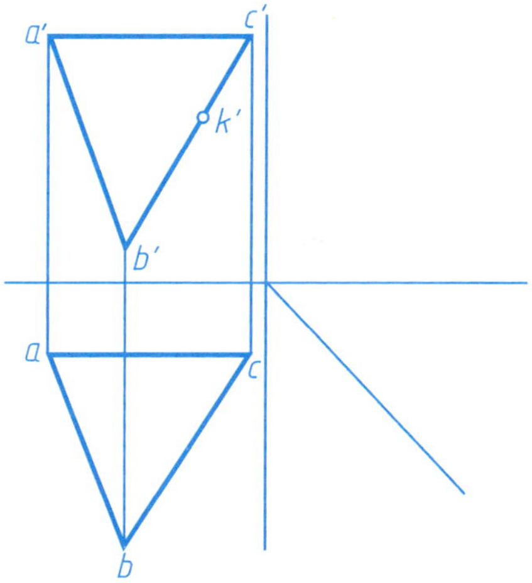

9. 判断直线*AD*,*AE*是否在三角形*ABC*所决定的平面上。

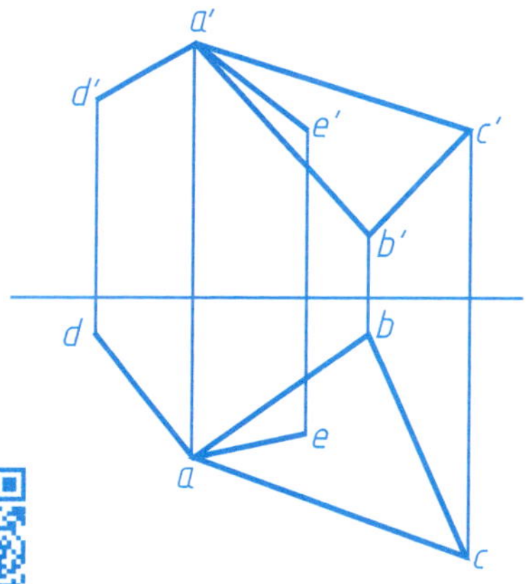

AD ______ 平面*ABC*上。

AE ______ 平面*ABC*上。

平面的投影（五）	班级		姓名		日期	

10. 已知平行四边形*ABCD*所在平面内的"*K*"字的*V*面投影，求其*H*面投影。

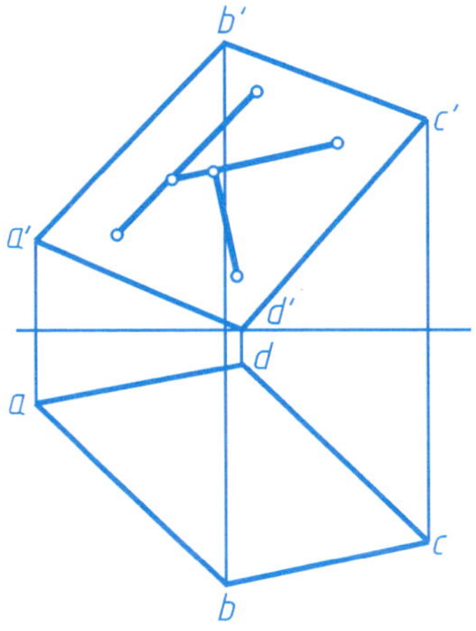

11. 在三角形*ABC*所在的平面内过点*A*作正平线。

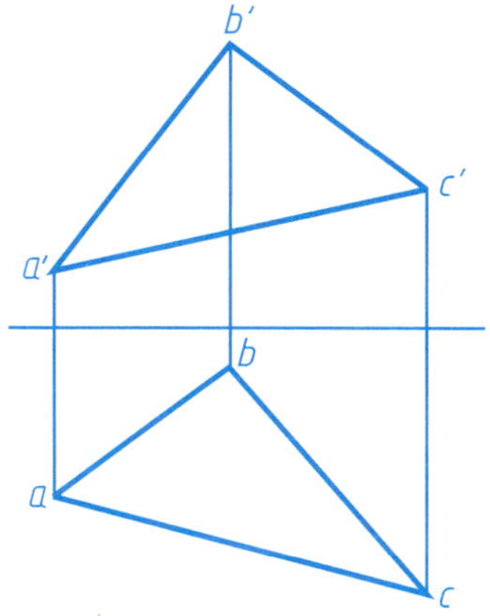

12. 已知直线*EF*与平面*ABCD*平行，完成直线或平面的投影。

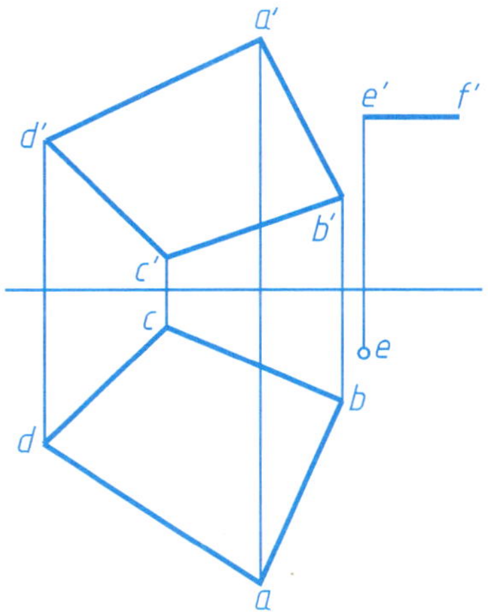

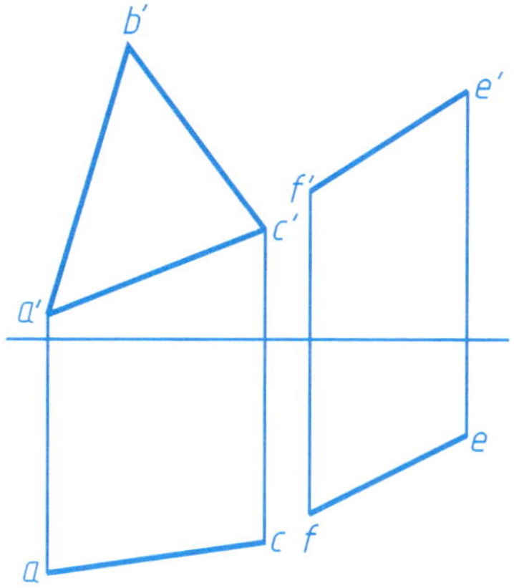

平面的投影（六）	班级		姓名		日期	

13. 判断直线 AB 与已知平面是否平行。

(1)

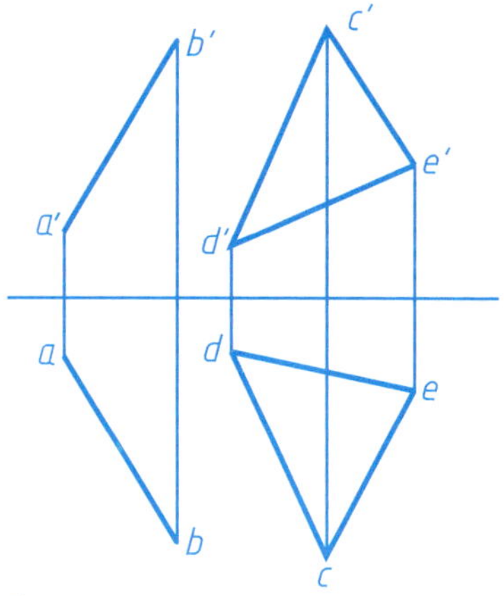

直线 AB 与平面 CDE ______________。

(2)

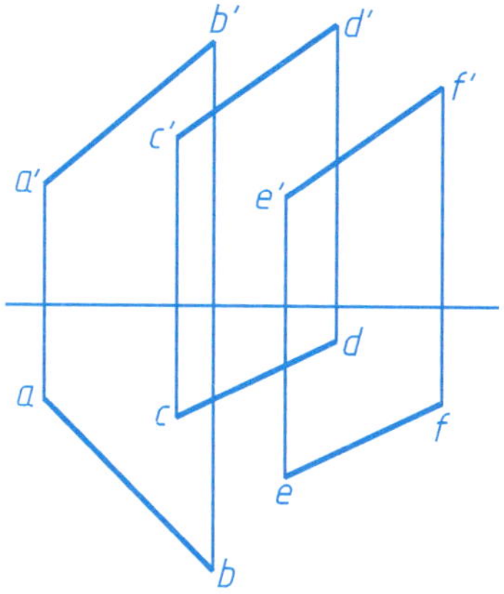

直线 AB 与平面 $CDFE$ ______________。

14. 判断两已知平面是否平行。

(1)

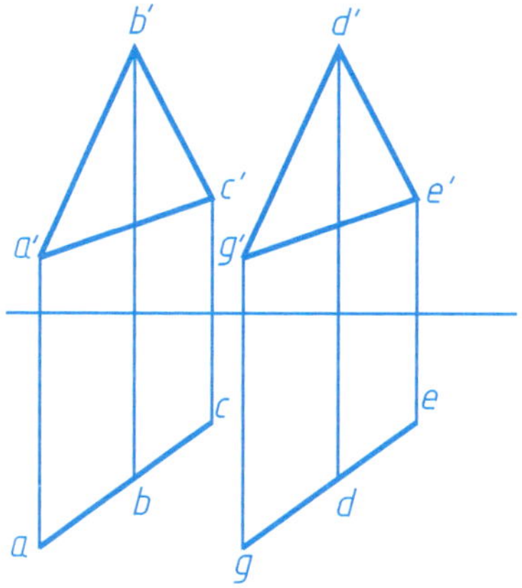

两平面______________。

(2)

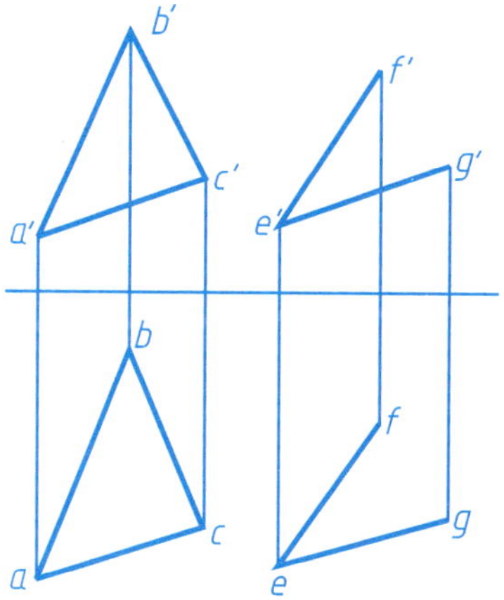

两平面______________。

平面的投影（七）	班级		姓名		日期	

15. 作直线EF与三角形ABC交点的投影，并判断其可见性。

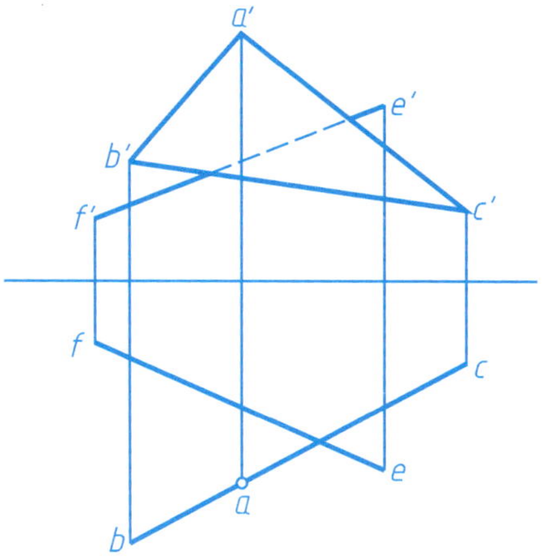

16. 求下列两平面的交线，并判断其可见性。

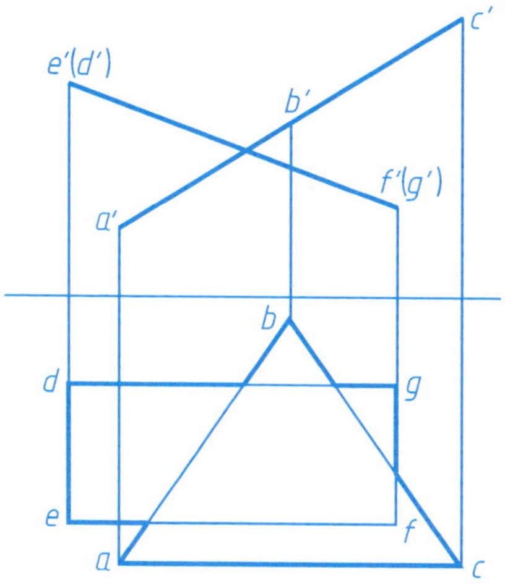

17. 求直线MN与平面ABCD的交点，并判断其可见性。

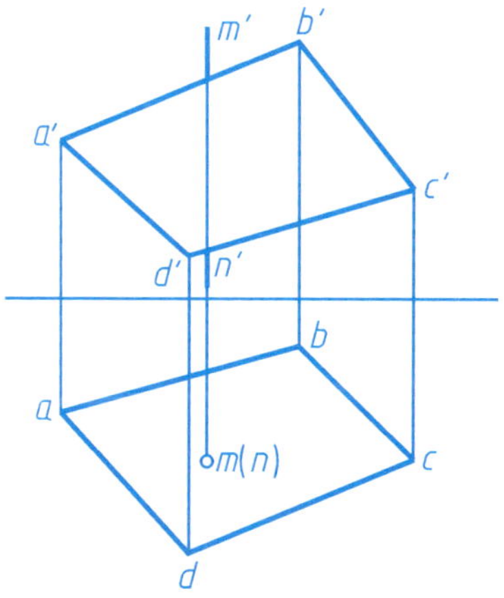

18. 过点K作一条正平线平行于三角形ABC。

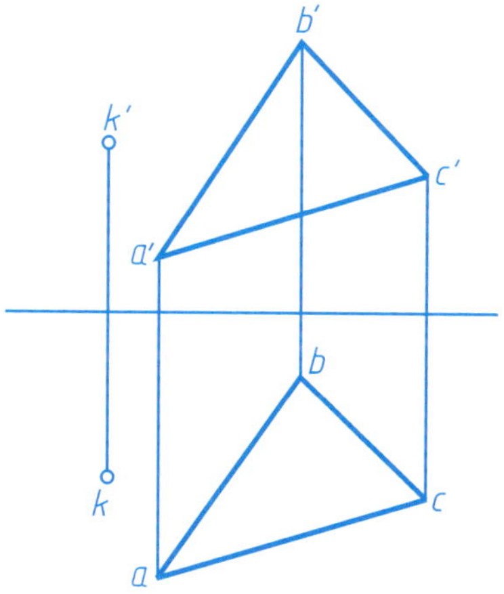

平面的投影（八）	班级		姓名		日期	

1. 已知五棱柱体的高度为20 mm，底面与H面平行且距离为5 mm，作五棱柱体的投影。

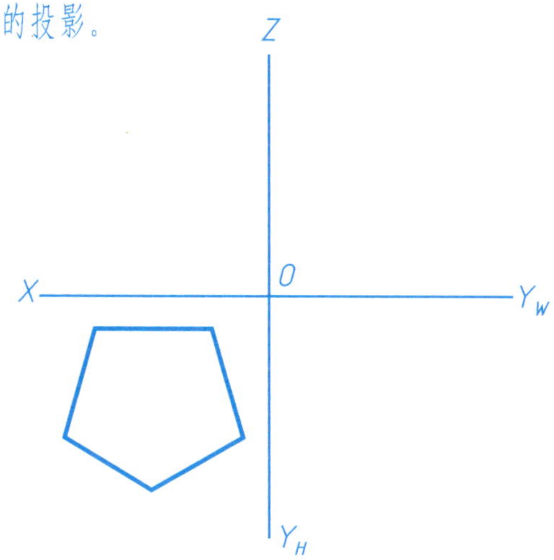

2. 已知六棱锥体的高度为20 mm，底面与H面平行且距离为5 mm，作六棱锥体的投影。

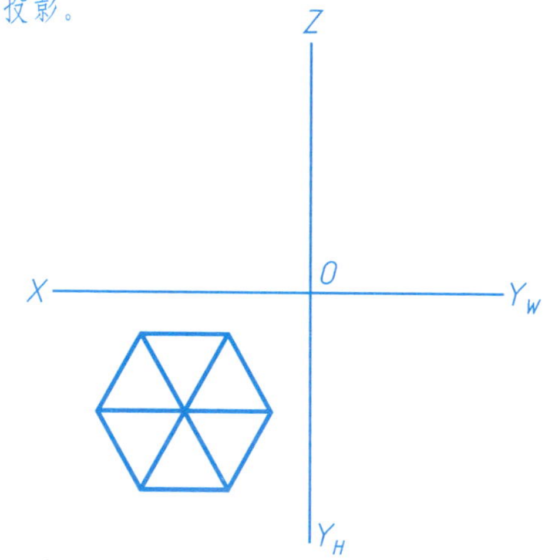

3. 根据形体的两面投影，补画第三面投影。

(1)

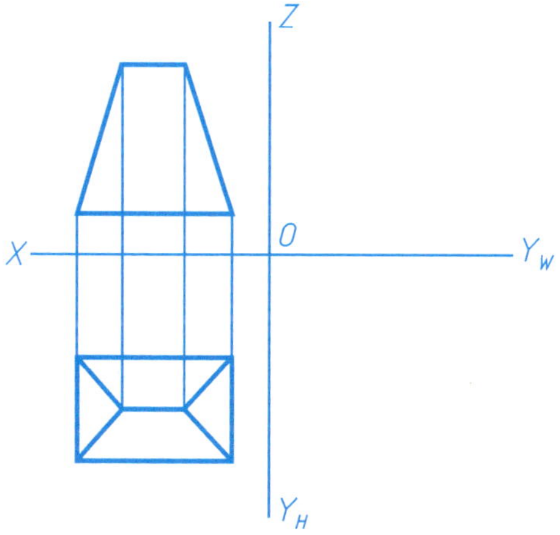

(2)

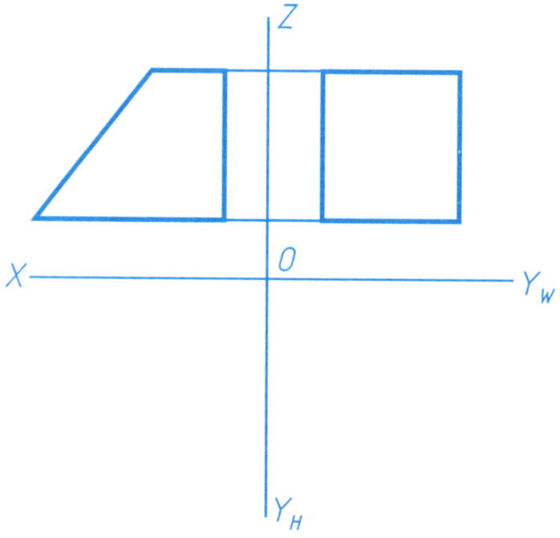

基本平面立体的投影（一）	班级		姓名		日期	

4. 根据平面立体的两面投影补画第三面投影，并判断直线、平面与投影面的相对位置。

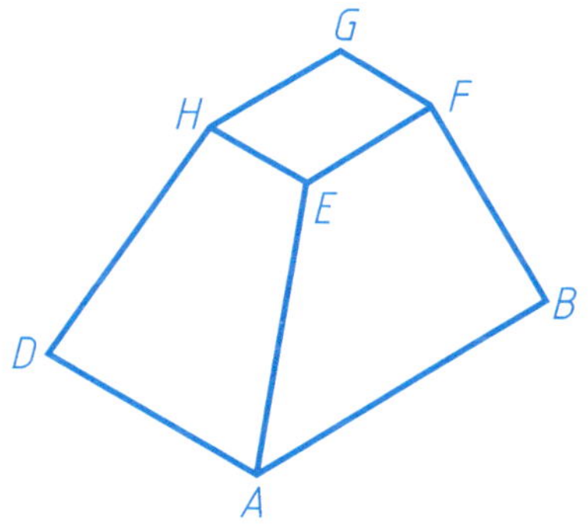

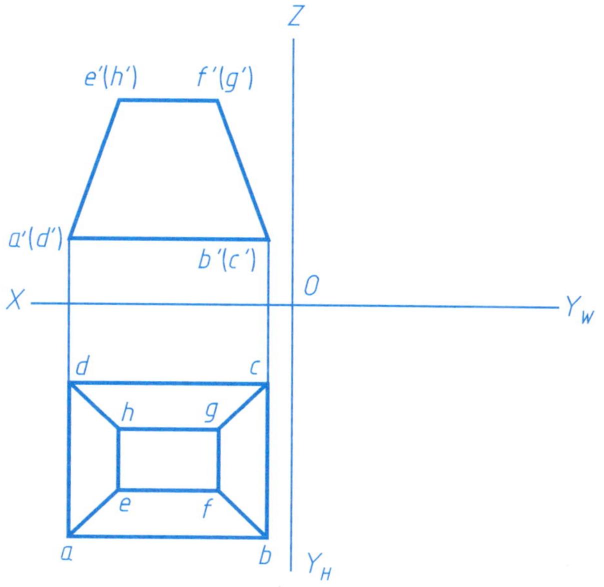

AD是________________线。

AB是________________线。

AE是________________线。

平面EFBA和HGCD是____________面。

平面HEAD和GFBC是____________面。

平面HEFG和ABCD是____________面。

基本平面立体的投影（二）	班级		姓名		日期	

5. 补画形体的 W 面投影，并求出形体表面上 A,B,C 三点的另外两面投影。

(1)

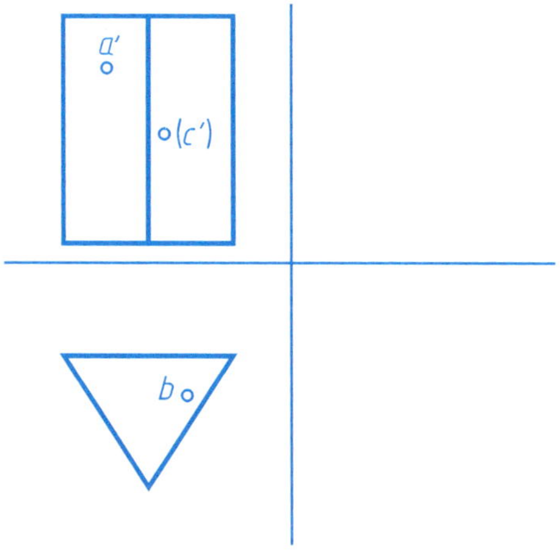

(2)

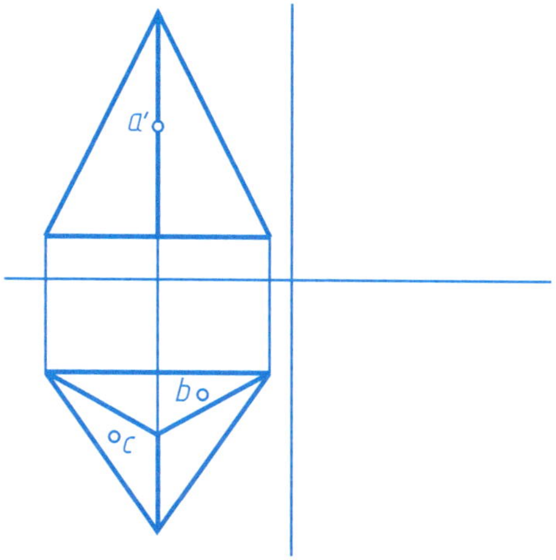

6. 已知平面立体的两面投影，试补画第三面投影，并根据立体表面上直线的一个投影，求作其他两面投影。

(1)

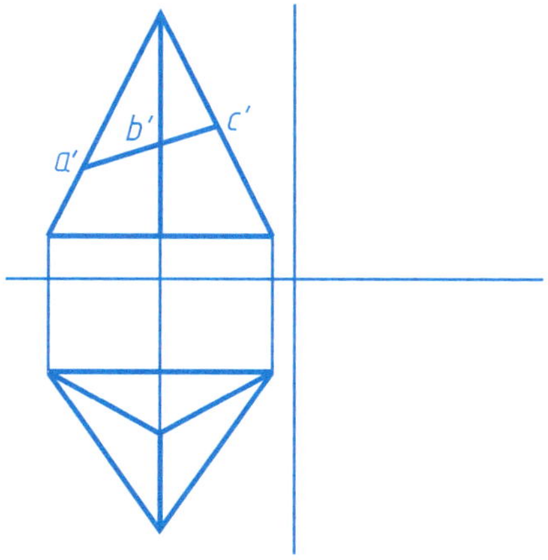

(2)

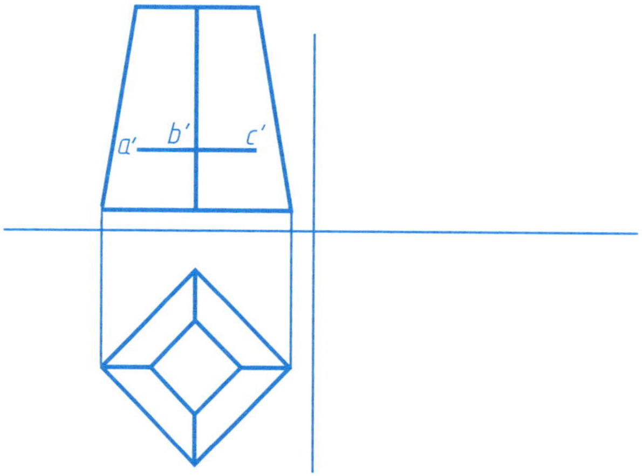

基本平面立体的投影（三）	班级		姓名		日期	

7.求长方体被截后的V面、H面投影。

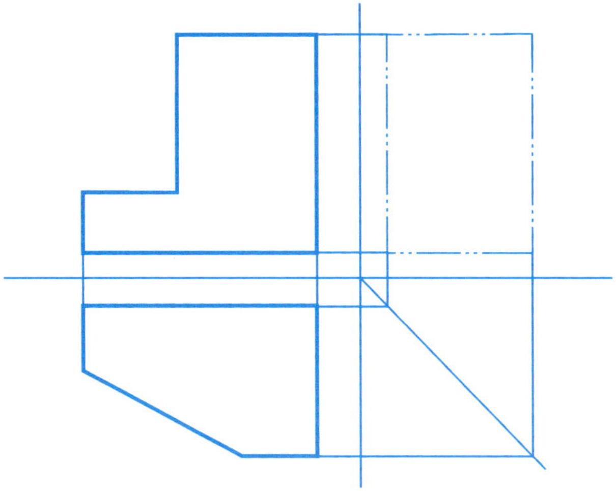

8.求T形块的H面、W面投影。

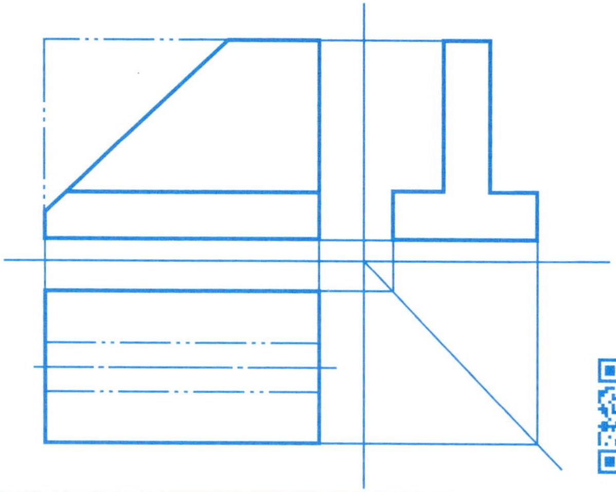

*9.求三棱柱穿孔后的H面、W面投影。

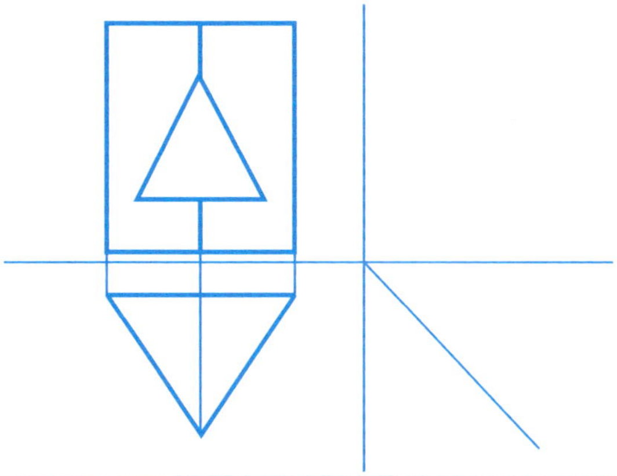

*10.求四棱锥台被截后的H面投影。

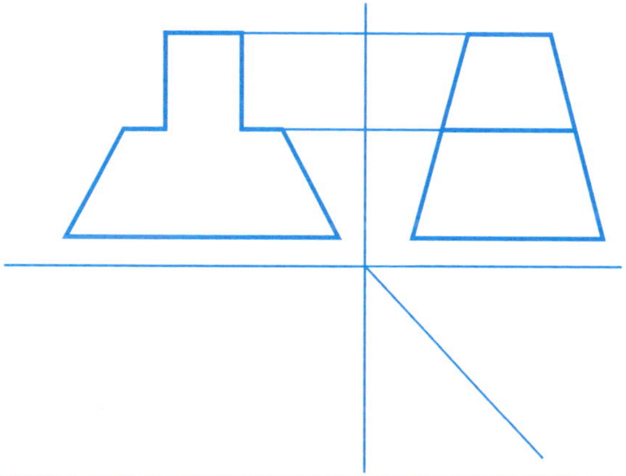

基本平面立体的投影（四）	班级		姓名		日期	

1. 已知曲面立体的两面投影，补画第三面投影，并根据其表面上点的一个投影，求作其他两面投影。

(1)

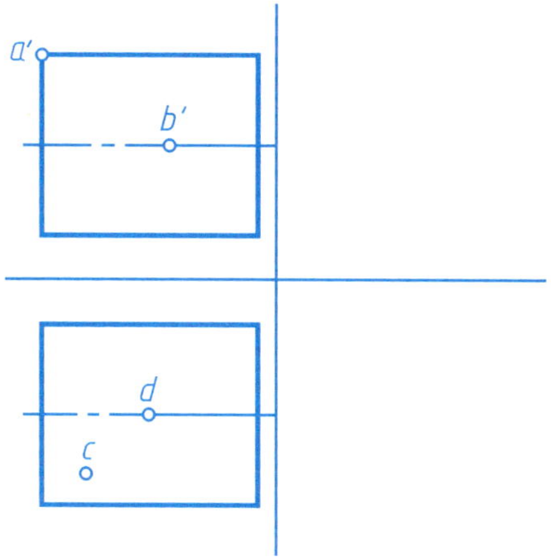

(2)

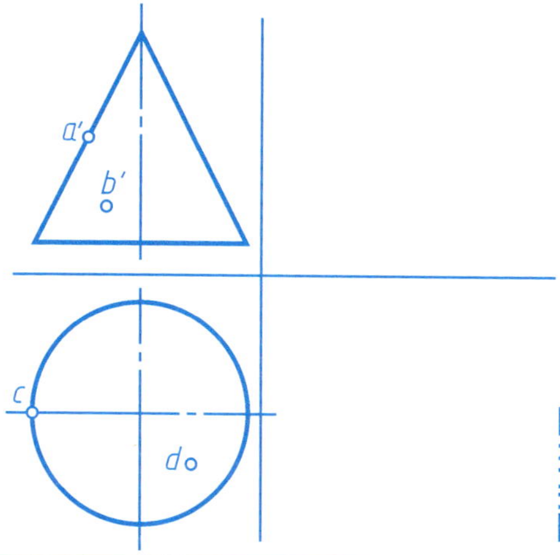

*(3)

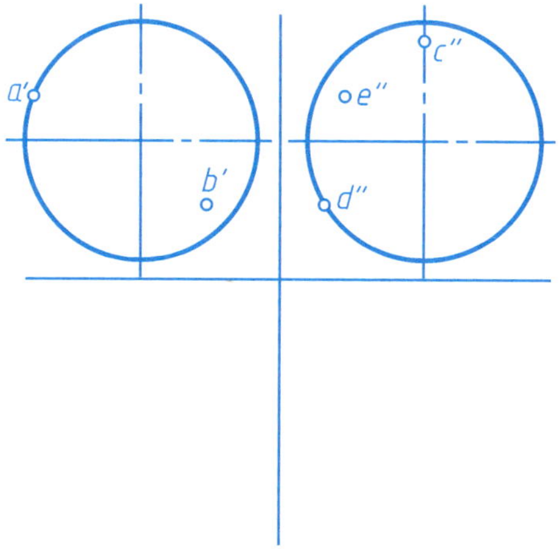

*2. 补画球体的W面投影，并求出球体表面上曲线AB，BC，CD的其他两面的投影。

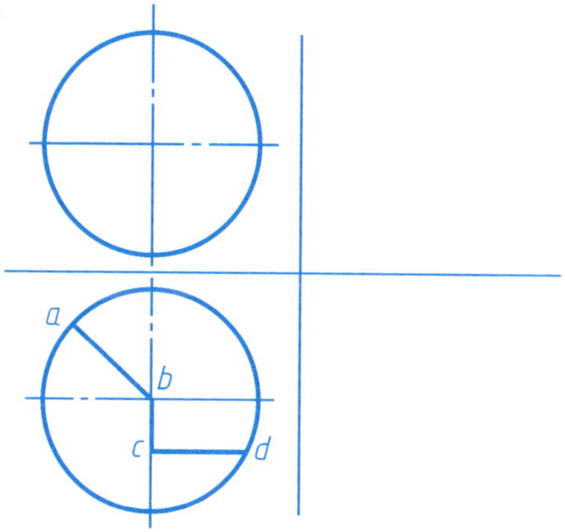

基本曲面立体的投影	班级		姓名		日期	

1.根据下列两面投影画出正等轴测图。

(1)

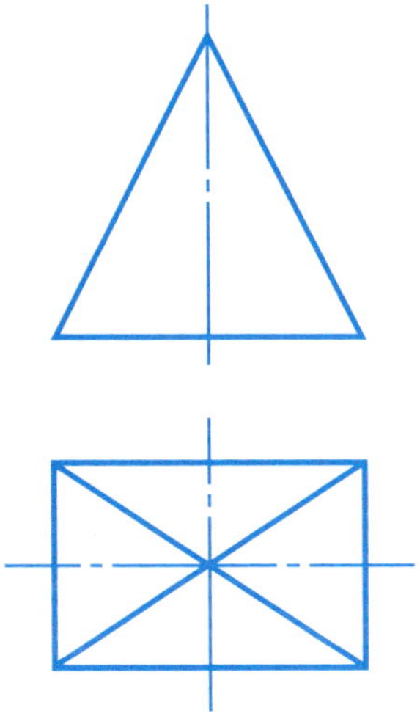

(2)

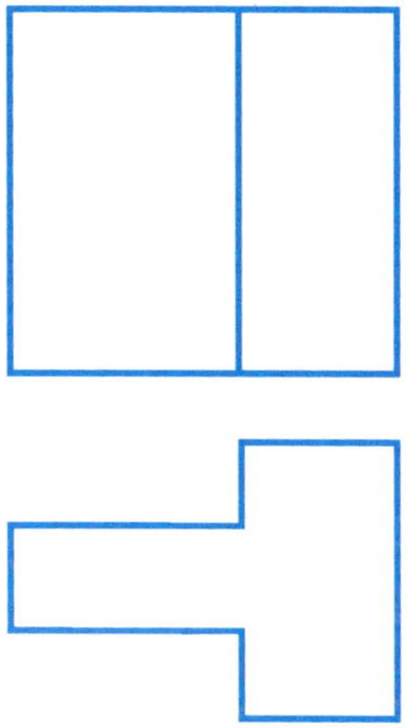

基本体轴测投影(一)	班级		姓名		日期	

(3)

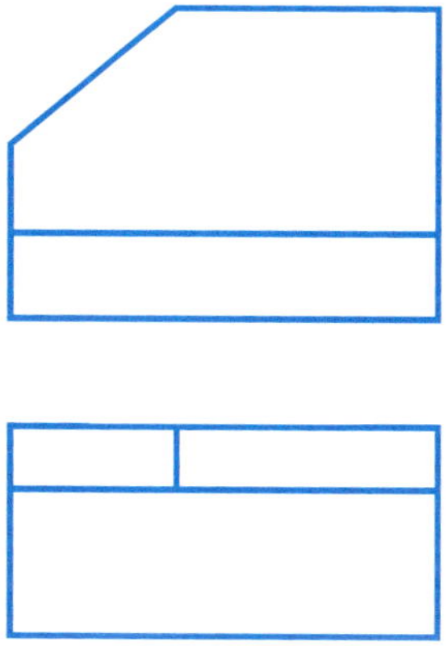

(4)

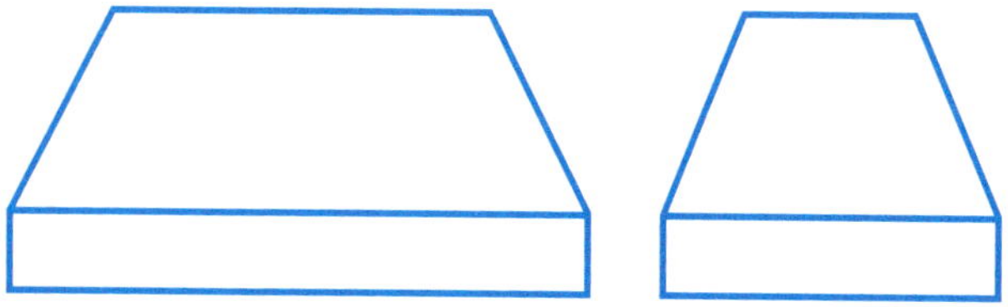

基本体轴测投影（二）	班级		姓名		日期	

2.根据投影图画出正等轴测图。

(1)

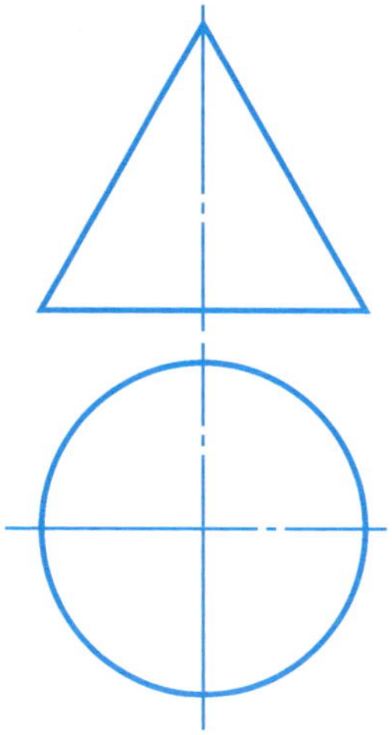

(2)

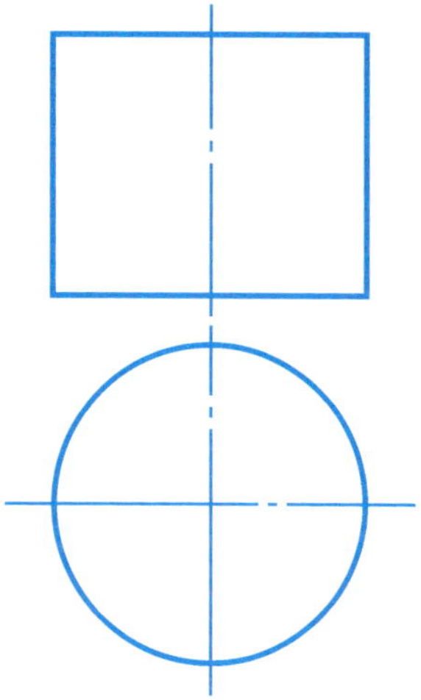

(3)

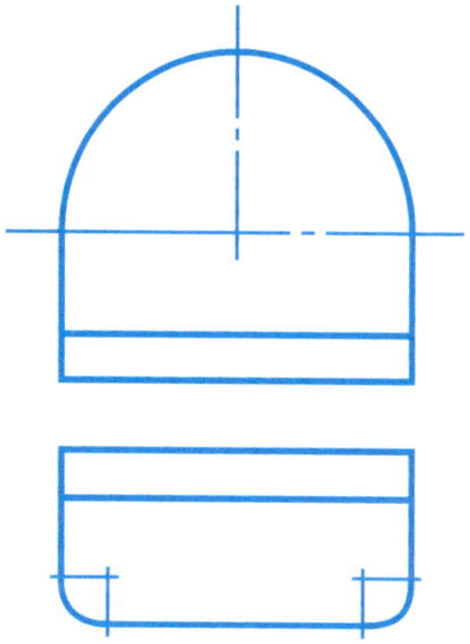

基本体轴测投影（三）	班级		姓名		日期	

3.根据投影图画出正面斜二等轴测图。

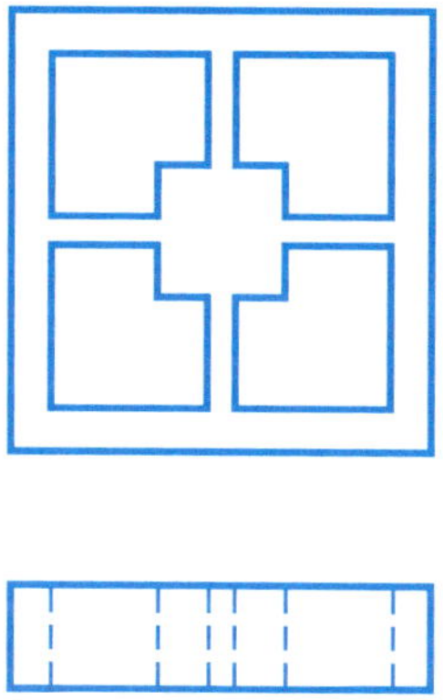

4.根据投影图画出水平斜等轴测图。

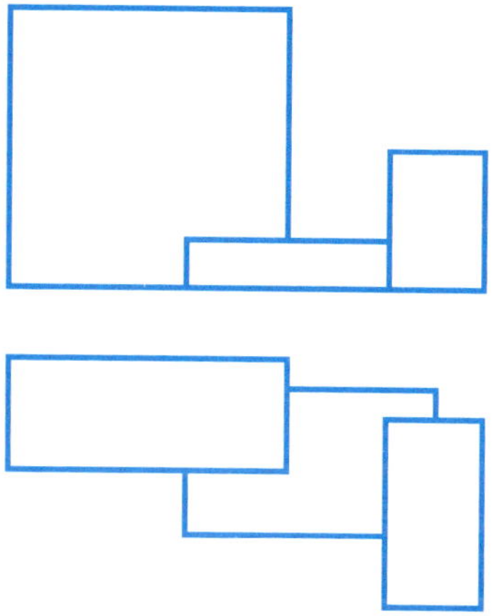

基本体轴测投影（四）	班级		姓名		日期	

1.根据直观图找出对应的投影图,并填写相应的编码。

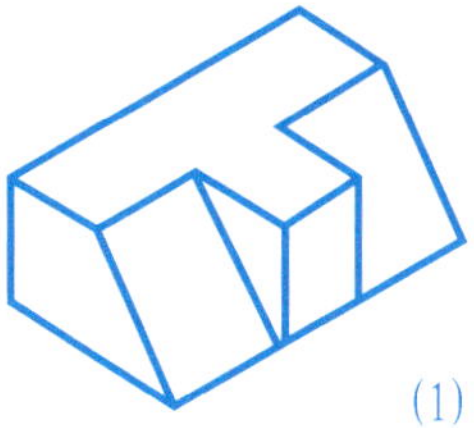
(1)

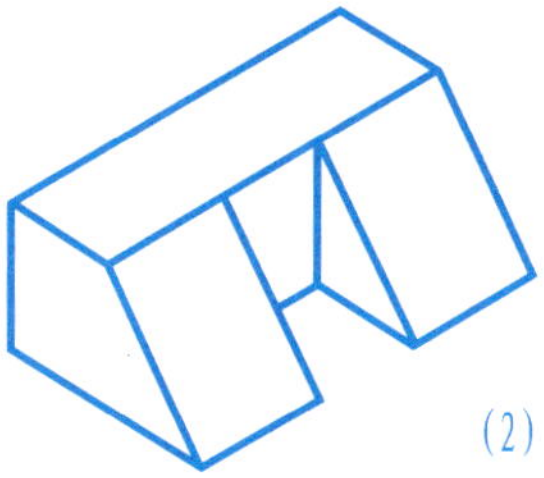
(2)

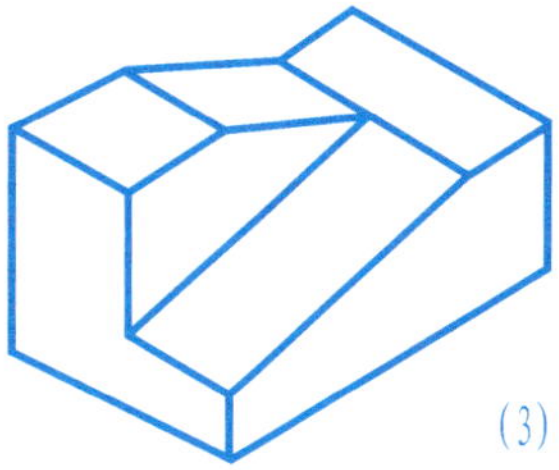
(3)

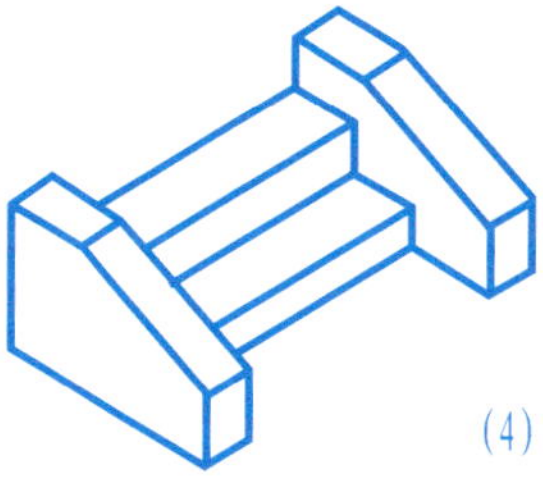
(4)

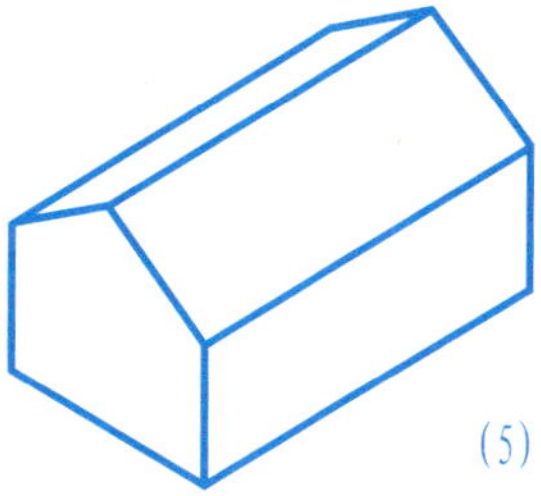
(5)

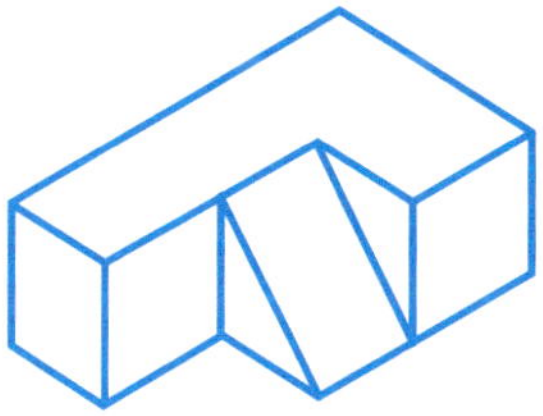
(6)

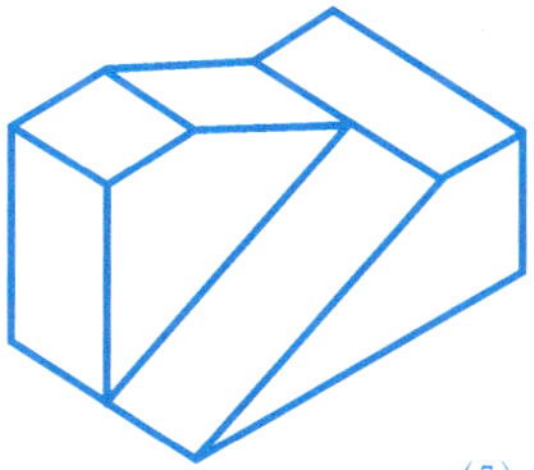
(7)

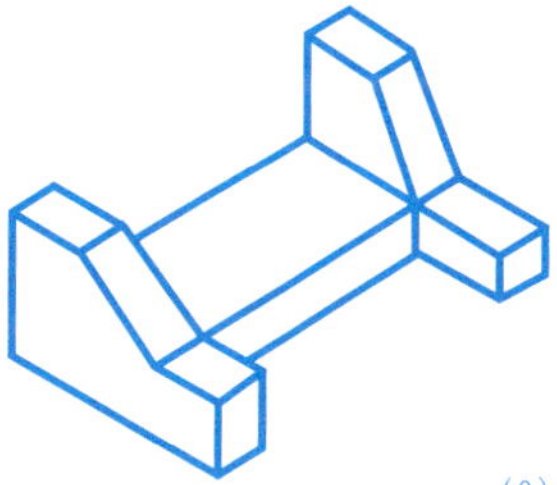
(8)

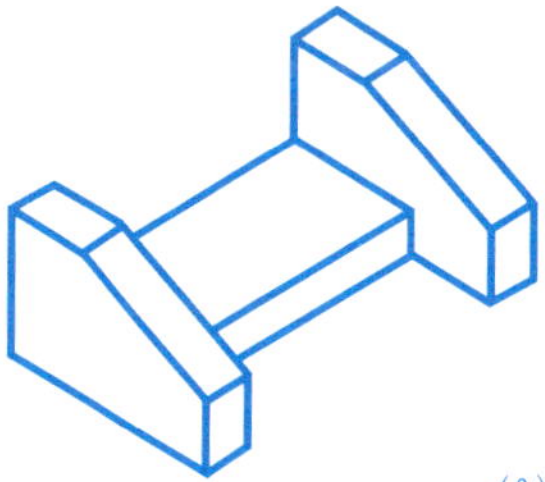
(9)

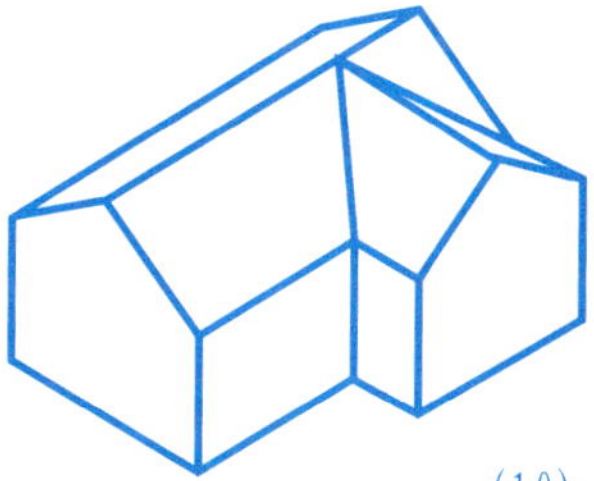
(10)

组合体投影(一)	班级		姓名		日期	

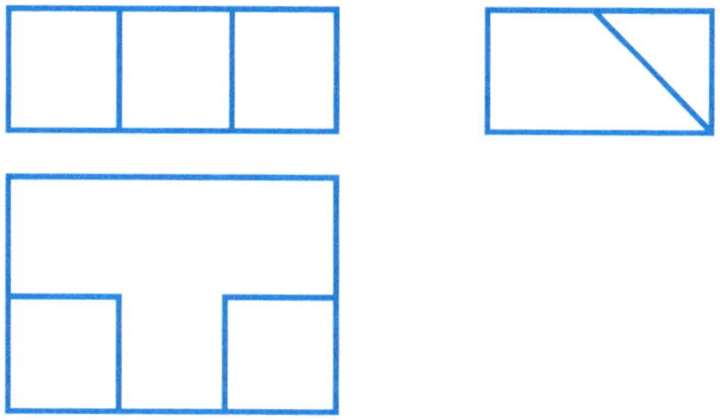

( )

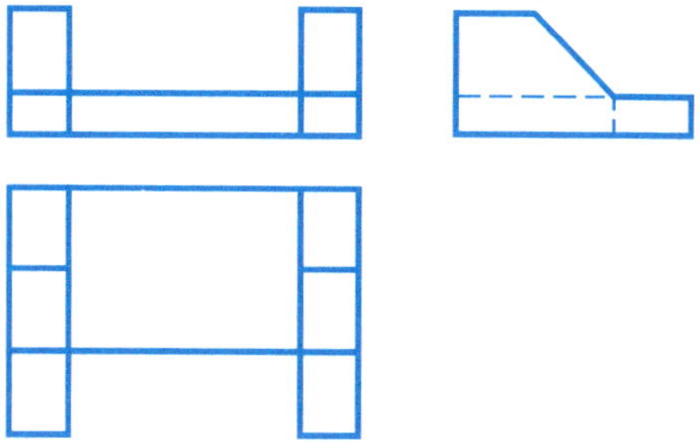

( )

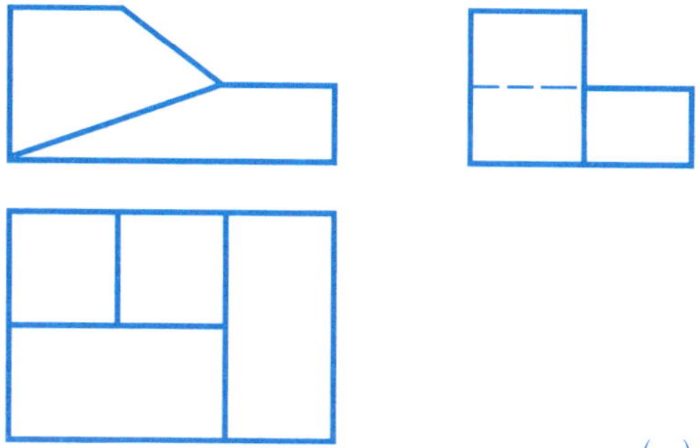

( )

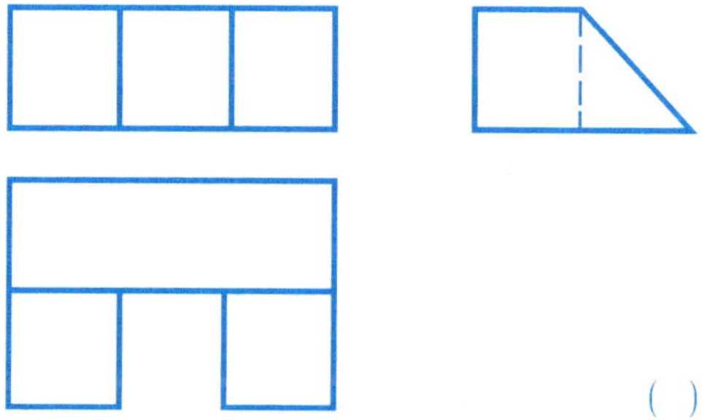

( )

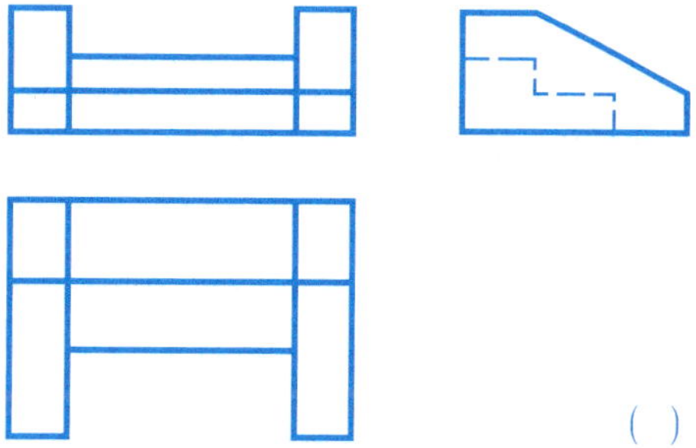

( )

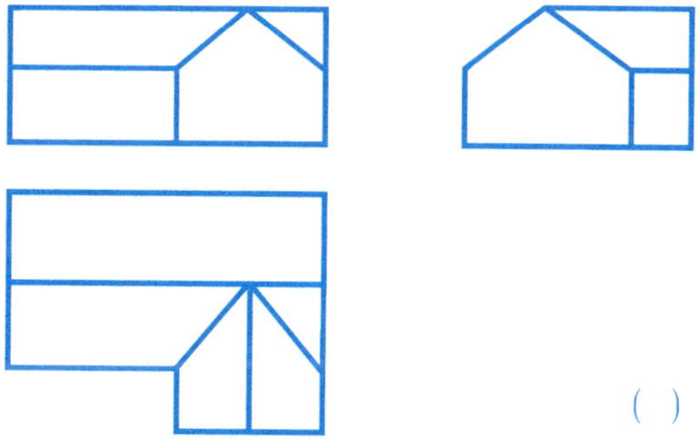

( )

组合体投影(一)	班级		姓名		日期	

2. 根据直观图找出对应的投影图，并填写相应的编码。

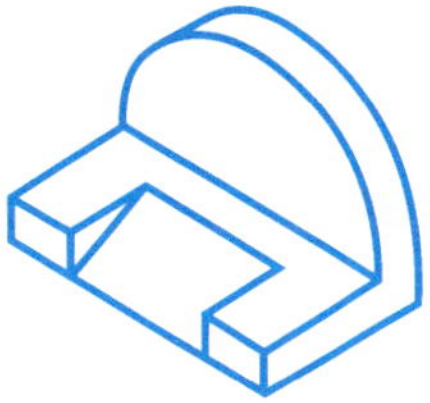

(1)

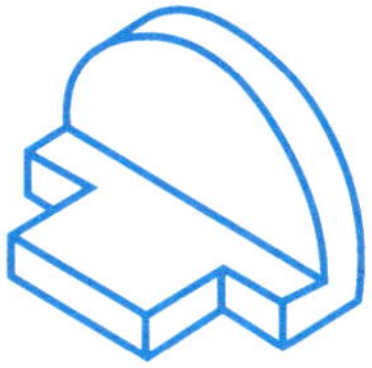

(2)

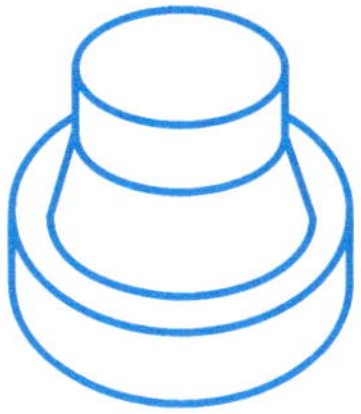

(3)

(4)

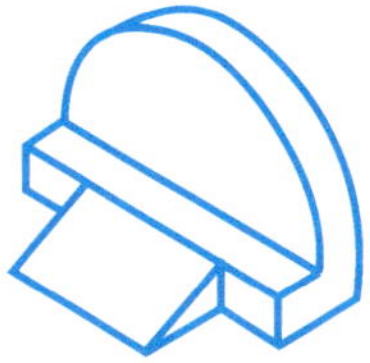

(5)

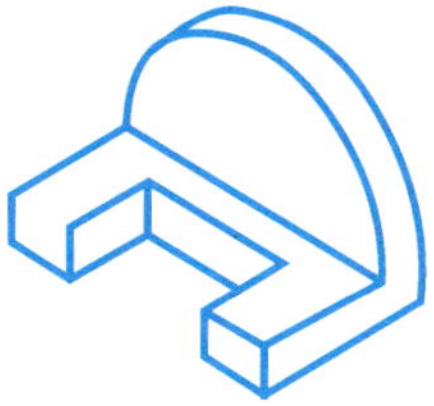

(6)

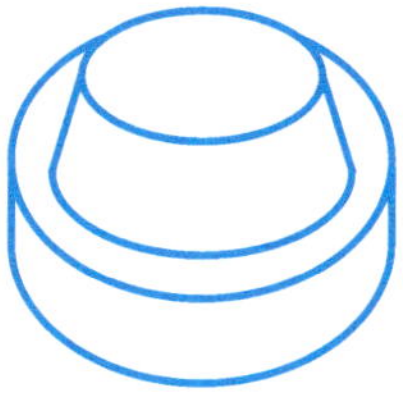

(7)

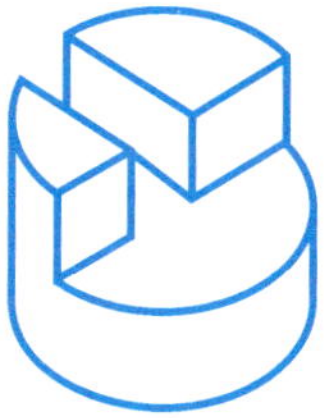

(8)

组合体投影(二)	班级		姓名		日期	

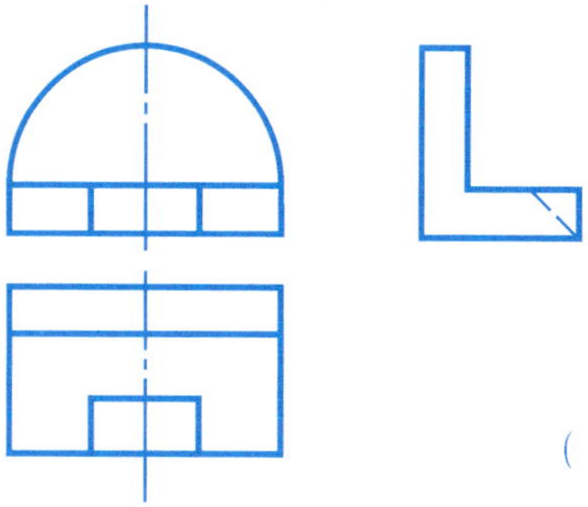

(　)

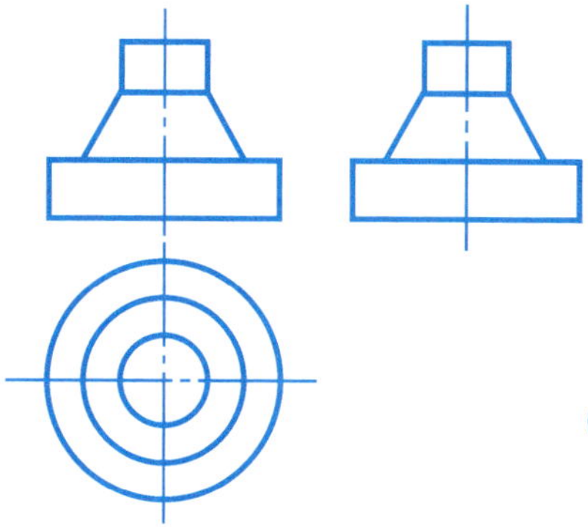

(　)

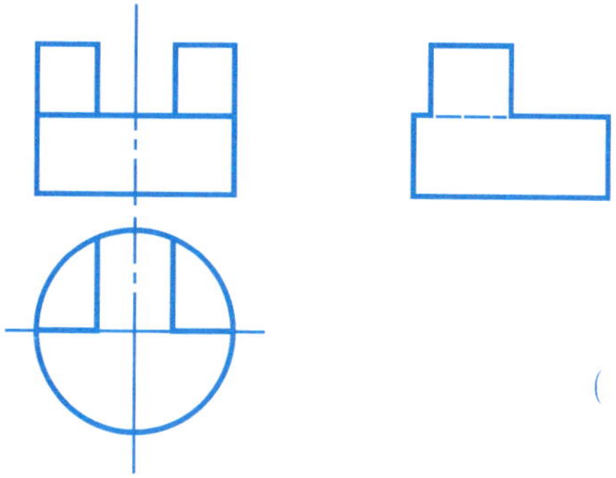

(　)

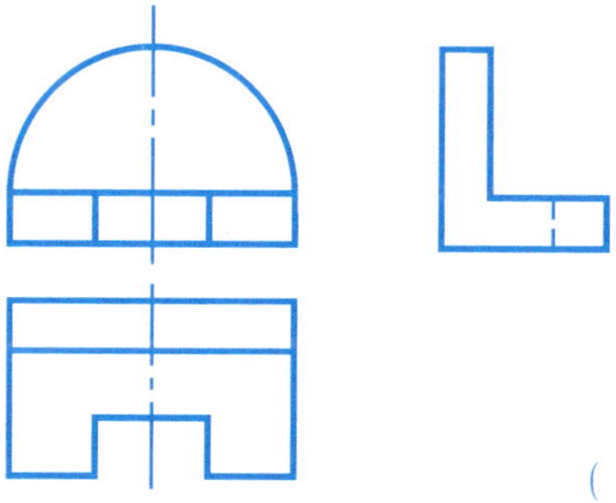

(　)

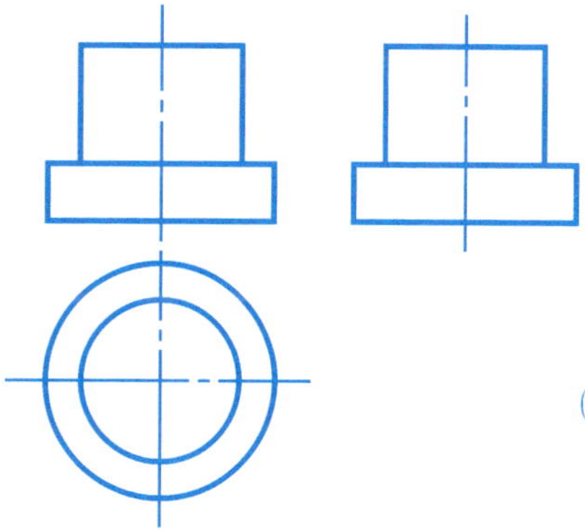

(　)

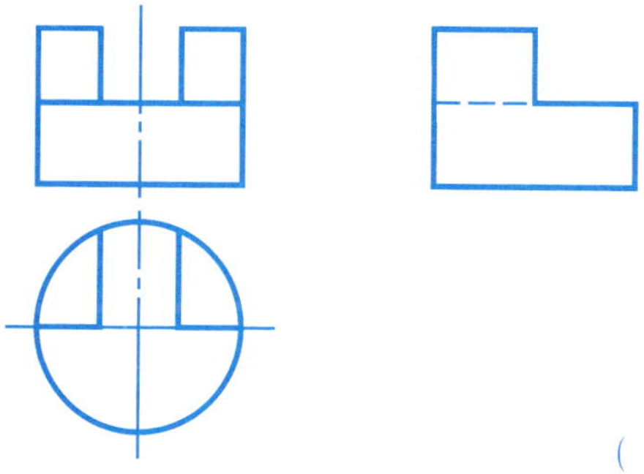

(　)

组合体投影（二）	班级		姓名		日期	

3. 根据直观图，作出组合体的三面投影图。

(1)

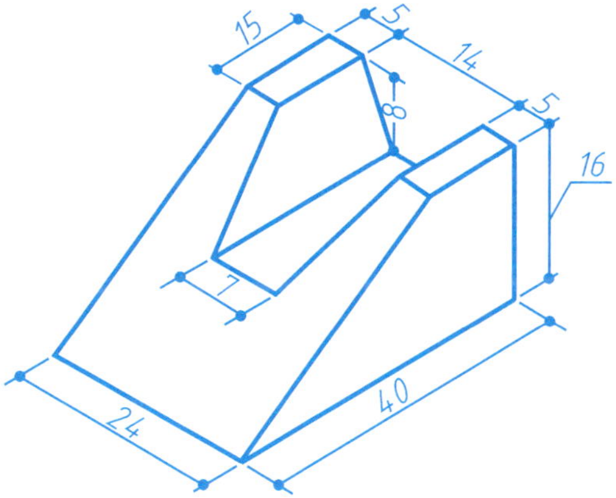

(2)

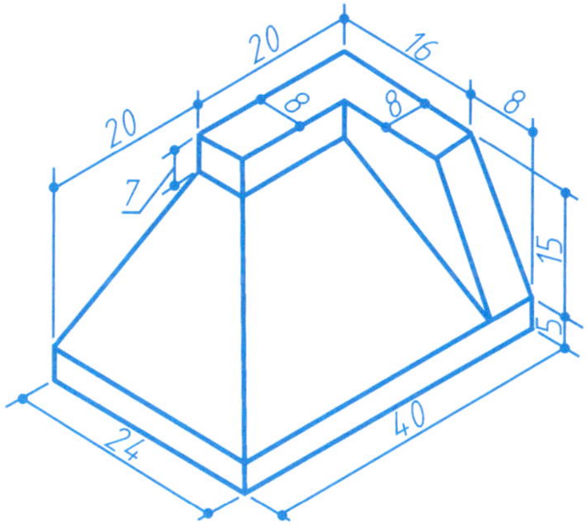

组合体投影（三）	班级		姓名		日期	

(3)

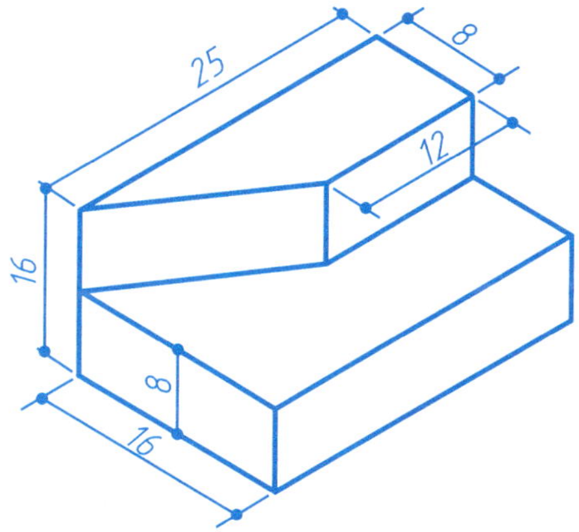

(4)

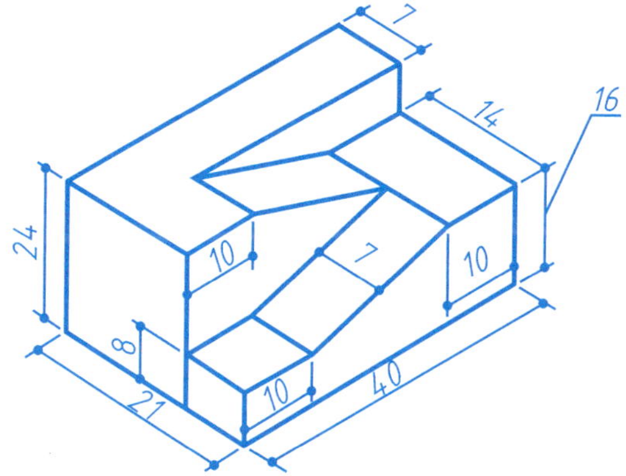

组合体投影（四）	班级		姓名		日期	

4. 根据直观图，作出组合体的三面投影图。

(1)

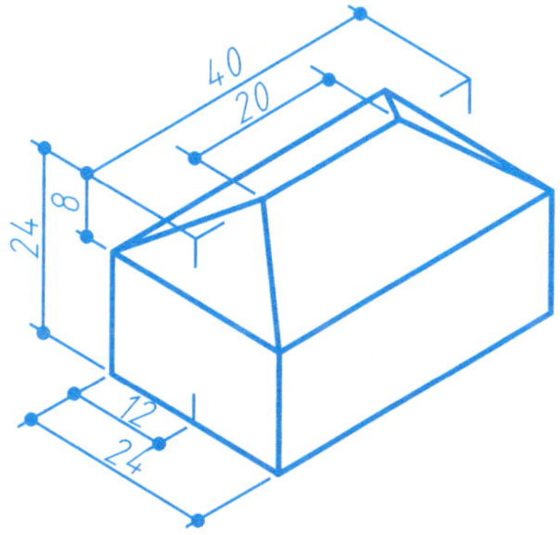

(2)

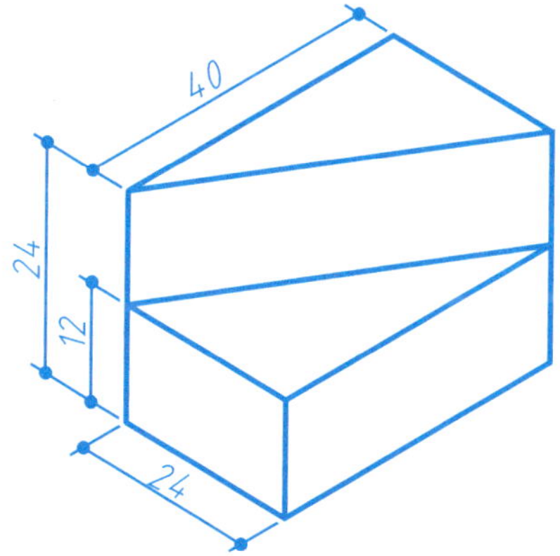

组合体投影（五）	班级		姓名		日期	

(3)

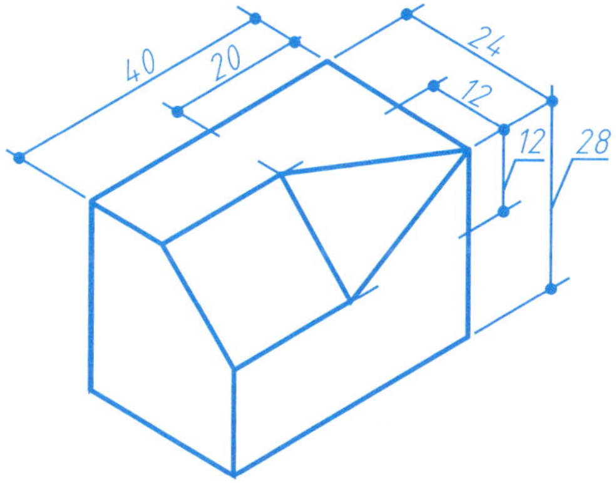

(4)

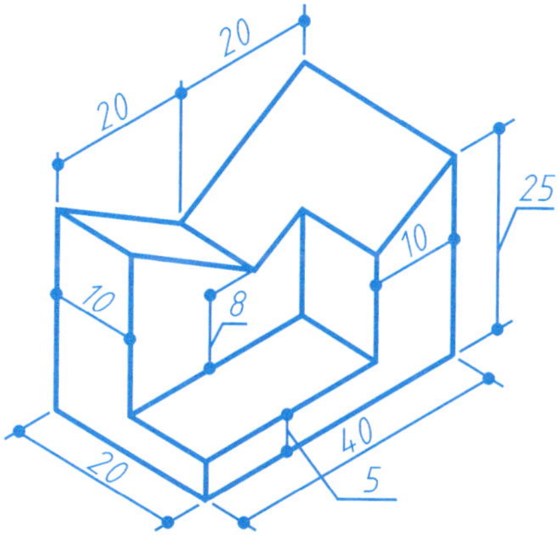

组合体投影（六）	班级		姓名		日期	

5. 根据直观图作出组合体的三面投影图，并标注尺寸，比例为 (1) 1:1，(2) 1:2。

(1)

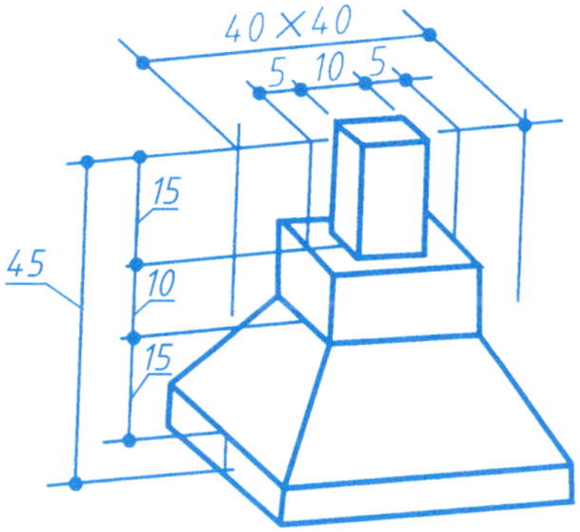

(2)

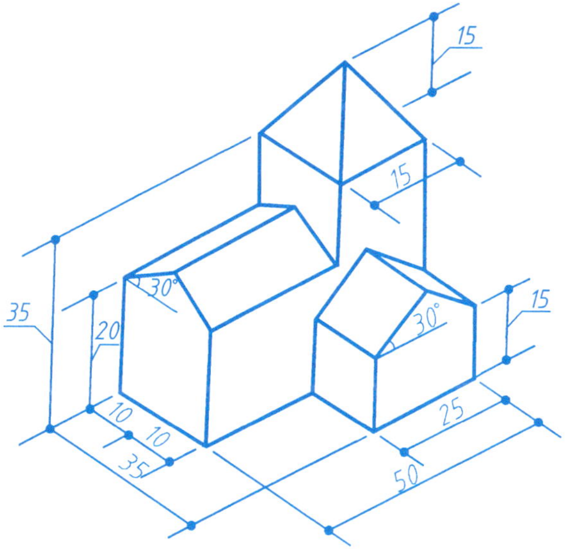

组合体投影(七)	班级		姓名		日期	

1.根据投影图作出组合体的正等轴测图。

(1)

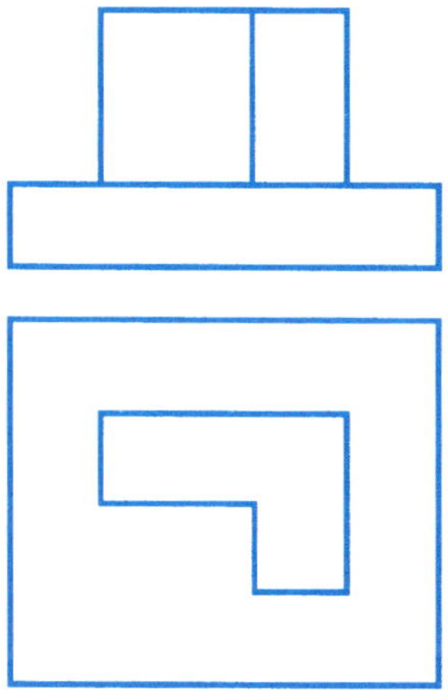

(2)

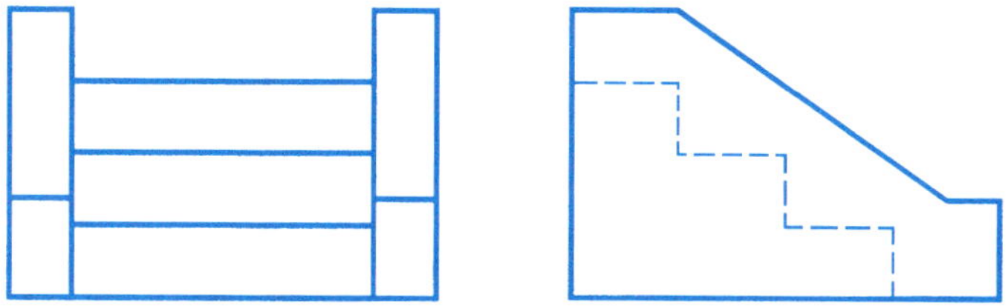

组合体轴测图(一)	班级		姓名		日期	

(3)

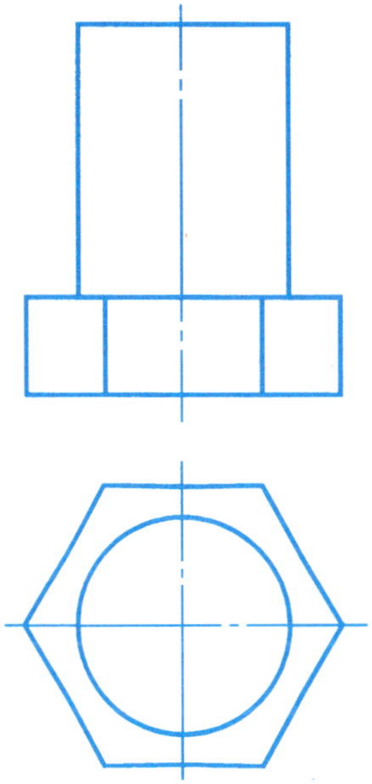

(4)

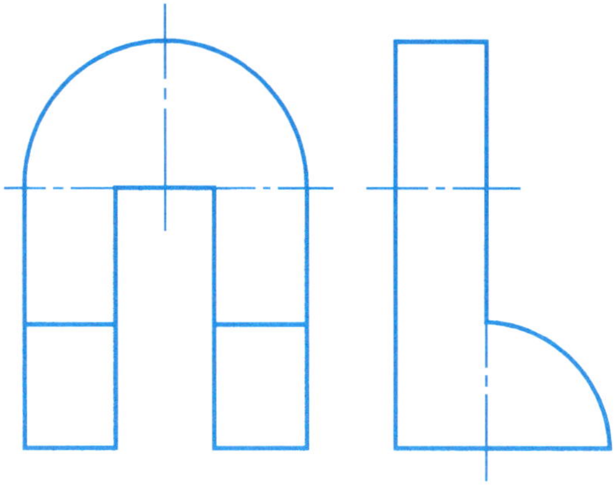

组合体轴测图（二）	班级		姓名		日期	

*2. 根据投影图，作出建筑物的正二等轴测图。

(1)

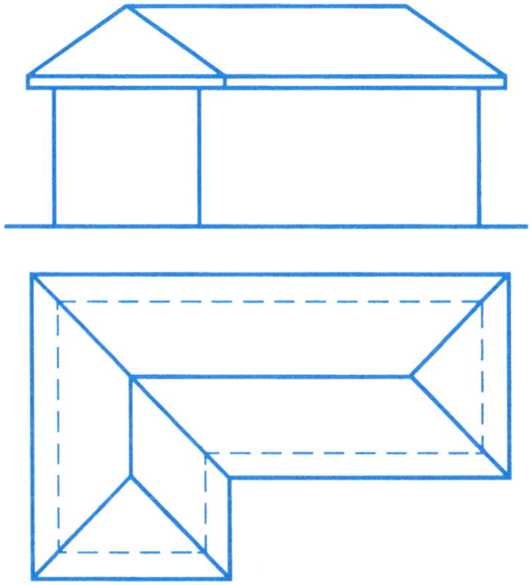

(2)

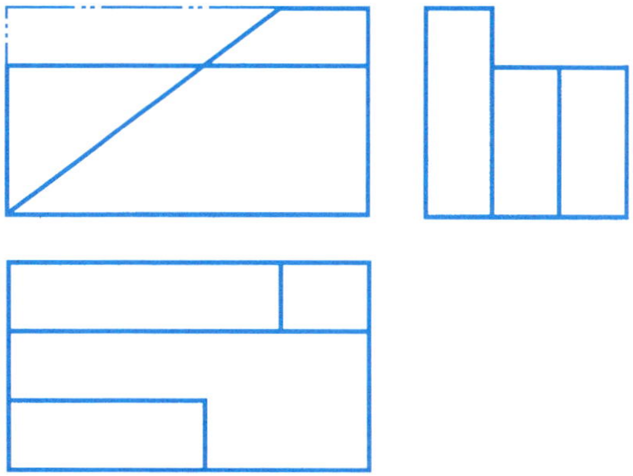

组合体轴测图（三）	班级		姓名		日期	

*3. 根据投影图，画水平斜等轴测图。

(1)

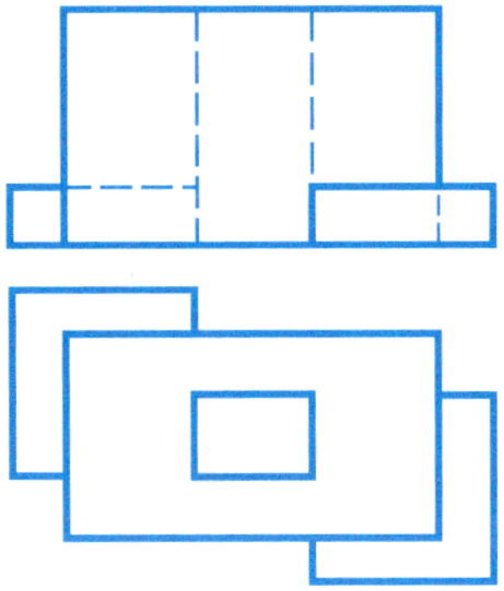

(2)

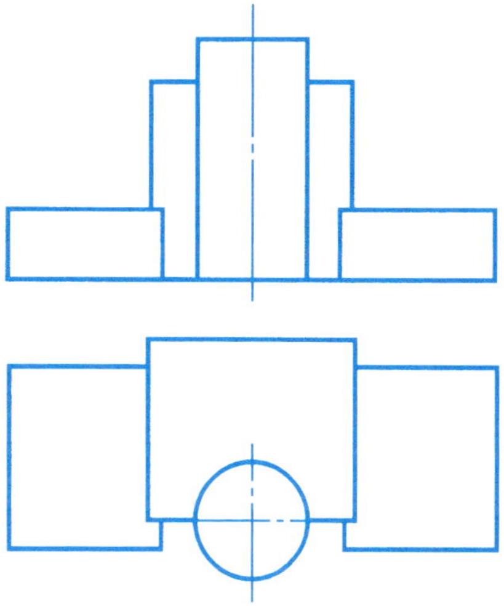

组合体轴测图（四）	班级		姓名		日期	

4. 根据投影图，作出正面斜二等轴测图。

(1)

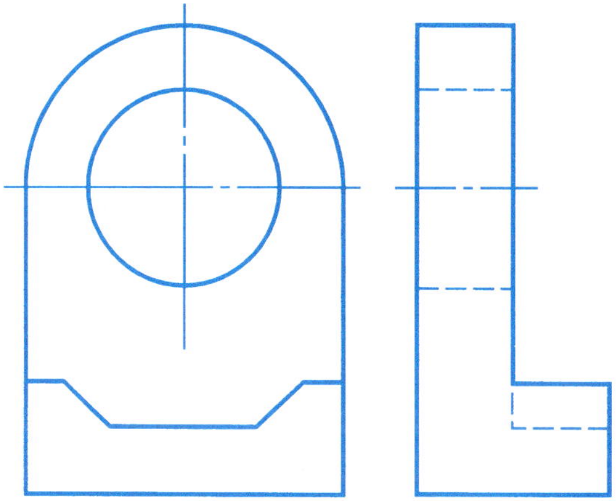

(2)

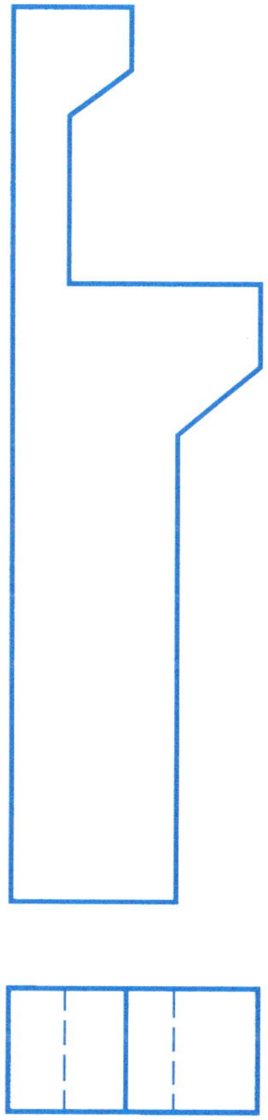

组合体轴测图（五）	班级		姓名		日期	

根据组合体的两面投影，补画第三面投影。

(1)

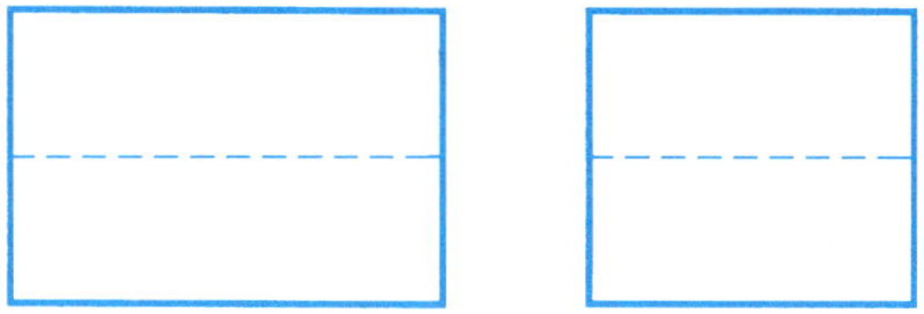

(2)

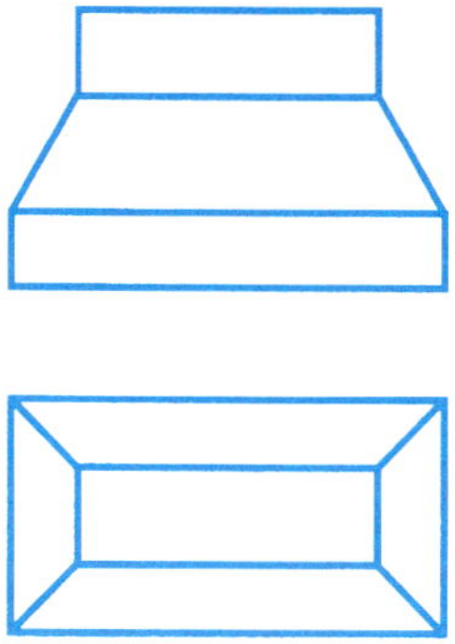

(3)

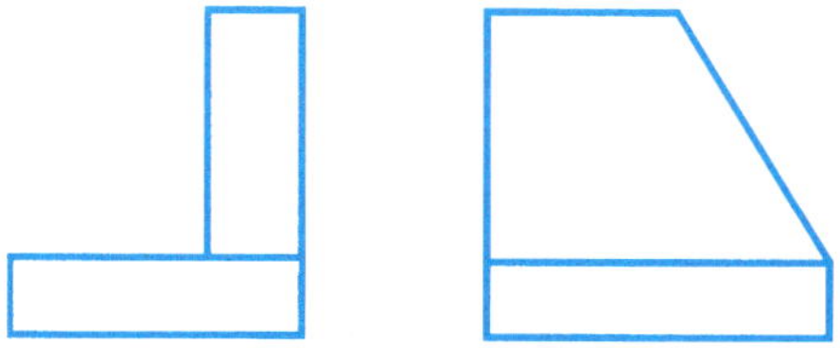

(4)

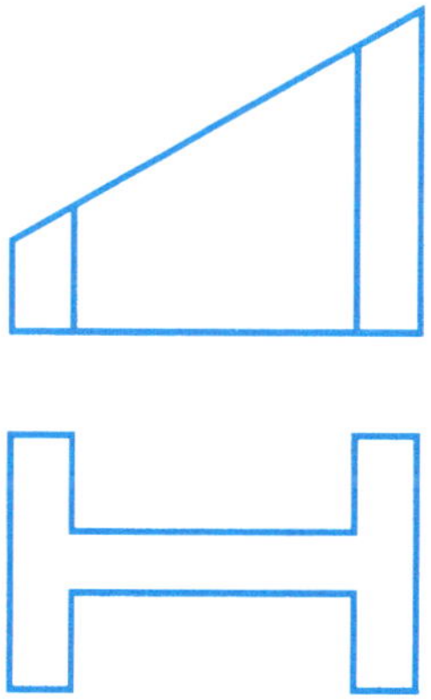

补画投影（一）	班级		姓名		日期	

(5)

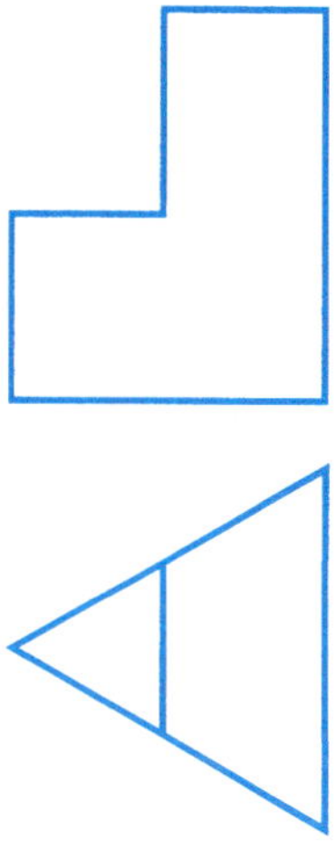

(6)

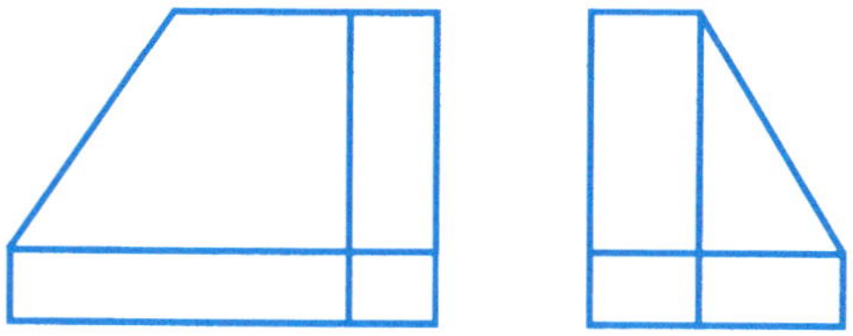

(7)

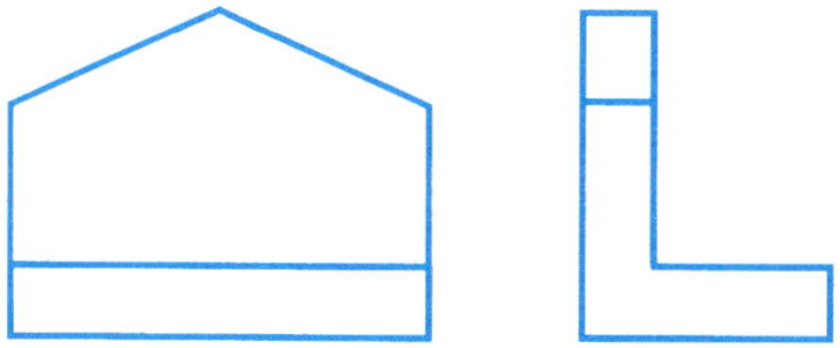

(8)

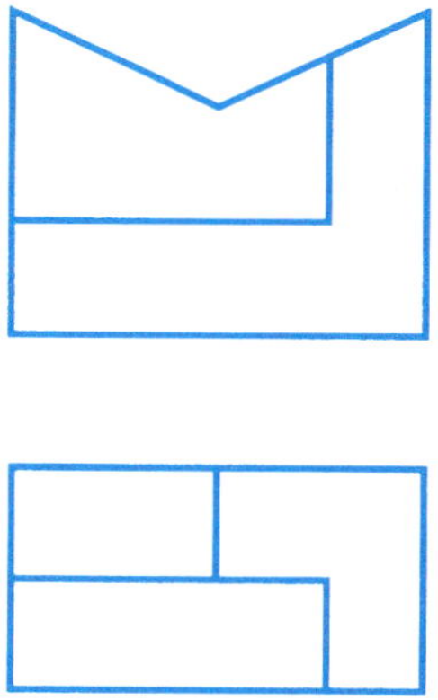

补画投影(二)	班级		姓名		日期	

1. 根据形体投影图，作出形体的全剖面图或半剖面图。

(1)

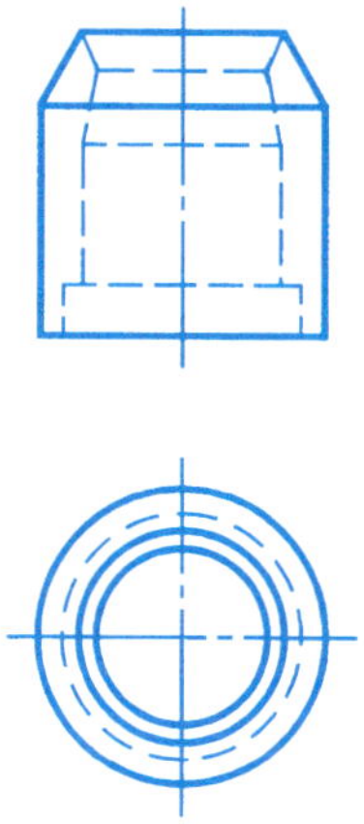

(2)

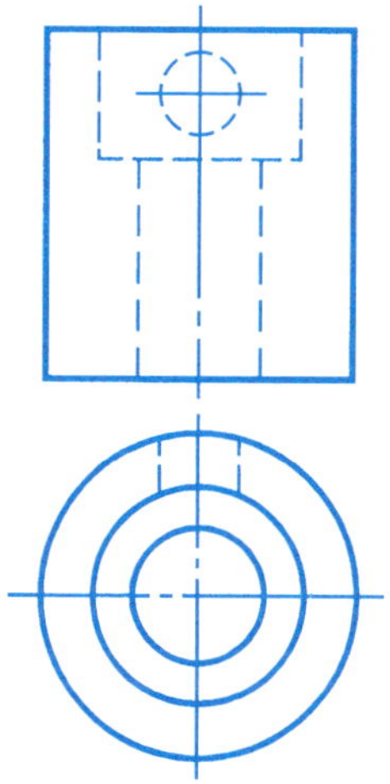

(3)

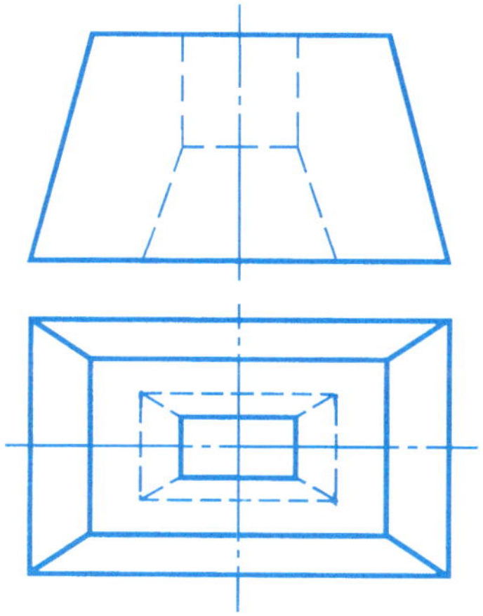

(4)

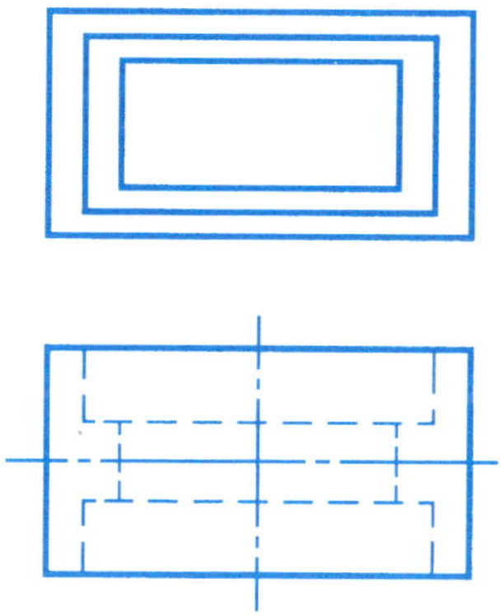

剖面图与断面图（一）	班级		姓名		日期	

2.根据形体投影图，作出形体的阶梯剖面图。

*(1)

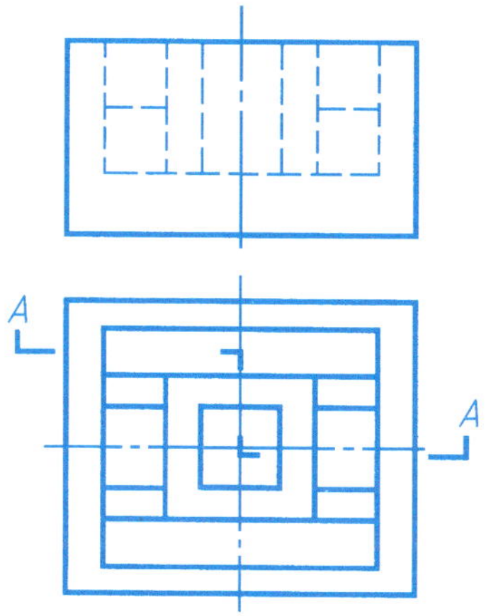

(2)

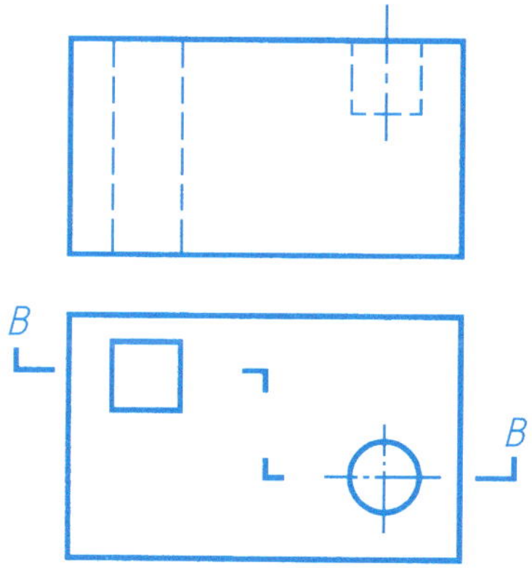

*3.根据形体投影图，作出形体的局部剖面图。

(1)

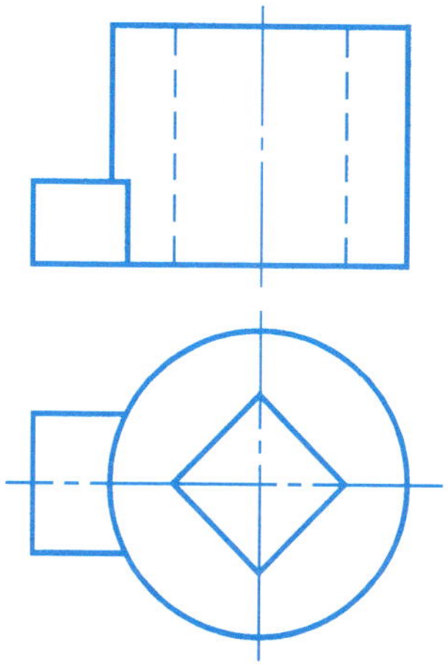

(2)

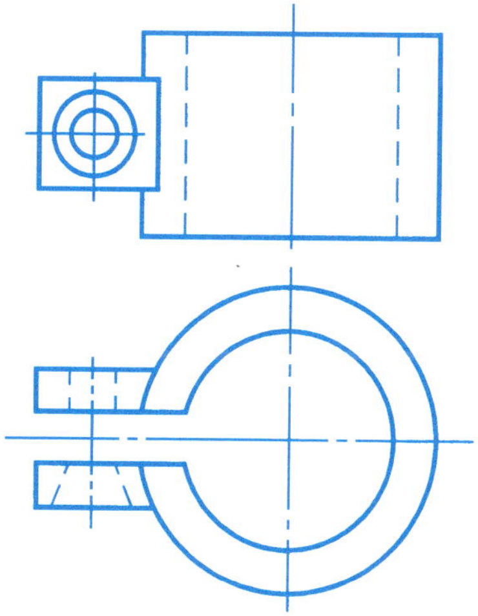

剖面图与断面图（二）	班级		姓名		日期	

4. 根据形体投影图，作出形体的 1—1，2—2断面图(比例1:1)。

(1)

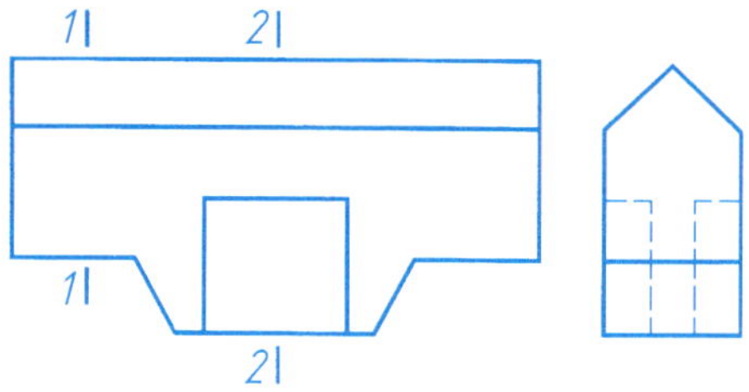

(2)

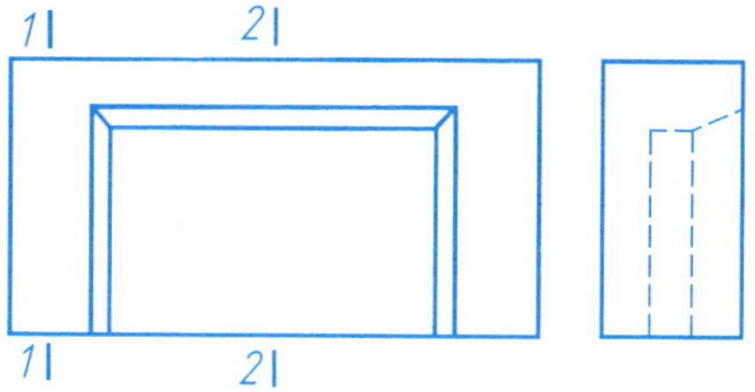

(3)

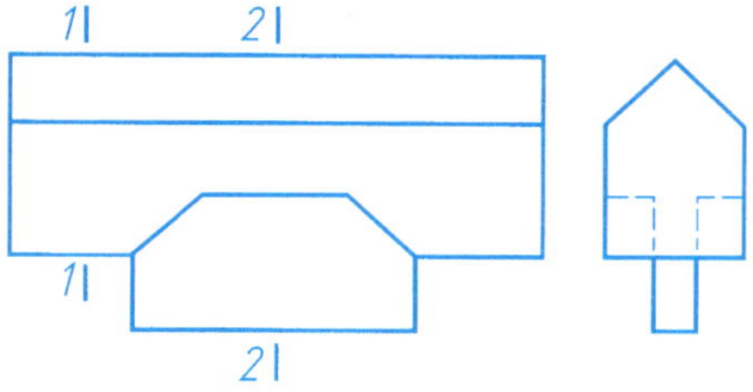

(4)

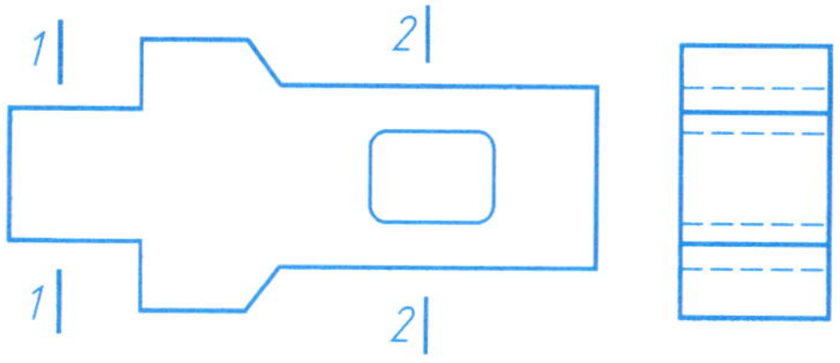

剖面图与断面图（三）	班级		姓名		日期	

建筑平面图作业指导书

一、目的

1. 熟悉建筑平面图的内容与表达方法。

2. 掌握绘制建筑平面图的步骤和方法。

二、内容

抄绘底层平面图(见教材图 7-2)。

三、要求

1. 图纸：A3 图幅。

2. 图名：底层平面图。

3. 比例：1∶100。

4. 图线：被剖切到的墙身轮廓线宽度约为 0.6 mm，未被剖切到的可见轮廓线宽度约为 0.3 mm，定位轴线、尺寸线等宽度约为 0.15 mm。

5. 字体：汉字用长仿宋体，平面图下方的图名用 10 号字，平面图中各部分名称用 5 号字，定位轴线编号圆圈中的数字和字母用 5 号字，尺寸数字用 4 号字。

6. 作图准确，图线粗细分明，尺寸标注完整无误，字体端正整齐，图面匀称整洁。

四、说明

1. 绘图步骤可参考教材中平面图的绘制方法，先用较硬的铅笔(H，2H)画底稿线，然后用软铅笔(B，2B)按图线要求加深，注写尺寸数字、名称和说明等。

2. 在 1∶100 的建筑平面图中，门窗按规定图例表示。

3. 在画楼梯、厕所、盥洗室的固定设备时，它们的详细尺寸见教材图 7-2。

建筑立面图作业指导书

一、目的

1. 熟悉建筑立面图的内容与表达方法。

2. 掌握绘制建筑立面图的步骤和方法。

二、内容

抄绘建筑南立面图(见教材图 7-4)。

三、要求

1. 图纸：A3 图幅。

2. 图名：南立面图。

3. 比例：1∶100。

4. 图线：立面图最外轮廓线宽度约为 0.6 mm;室外地坪线宽度约为 0.9 mm;凸出的墙面、雨篷、台阶、花台、阳台等轮廓线宽度约为 0.4 mm;门窗洞及窗台、勒脚、花格等轮廓线宽度约为 0.2 mm;门窗分格线、墙面引条线、水斗及雨水管、定位轴线(细点画线)、标高符号、说明引出线等宽度约为 0.15 mm。

5. 字体：汉字用长仿宋体,立面图下方的图名用 10 号字,文字说明用 5 号字,标高符号上的数字用 4 号字,定位轴线编号圆圈中数字用 5 号字。

6. 作图准确,图线粗细分明,尺寸标注完整无误,字体端正整齐,图面匀称整洁。

四、说明

1. 绘图步骤参考教材中的立面图绘制方法。先用铅笔画底稿线图,然后按图线要求加深,最后注写标高数字、名称和说明。

2. 在 1∶100 的建筑立面图中,门窗均按规定图例表示。门、窗框的双线间的距离约为 50 mm,切忌画得过宽,以免与实际比例不符。

3. 在每一种型号的门窗中,应有一扇画上开启线,表示门窗开启的方式和方向。

楼梯详图作业指导书

一、目的

1. 了解楼梯平面图、楼梯剖面图和楼梯节点详图的内容和要求。

2. 熟悉楼梯的各层平面图与剖面图的投影关系和表达方法。

3. 掌握绘制楼梯详图的步骤和方法。

二、内容

抄绘楼梯平面图、楼梯剖面图和楼梯节点详图(见教材图7-8、图7-9和图7-10)。

三、要求

1. 图纸:A3图幅。

2. 图名:楼梯详图。

3. 比例:楼梯平面图1∶50;楼梯剖面图1∶50;楼梯节点详图1∶20,1∶5,1∶2或自选合适的比例。

4. 图线:被剖切到的轮廓线宽度约为0.6 mm;可见轮廓线宽度约为0.3 mm;门窗图例、粉刷线、尺寸线、标高符号、轴线、折断线宽度约为0.15 mm;室内外地面线宽度约为0.9 mm。由于各图采用的比例不同,图线宽度也可自选合适的宽度。

5. 字体:汉字用长仿宋体,各图下方的图名用7号字,详图中说明用5号字,尺寸及说明中数字用4号字。

6. 作图准确,图线粗细分明,尺寸标注完整无误,字体端正整齐,图面匀称整洁。

四、说明

1. 先用铅笔画底稿线图,然后按各种图线的宽度要求上墨加深,最后注写尺寸、标高数字、图名和说明。

2. 楼梯节点详图中没有标注的细部尺寸,可按大致比例自定义画出。

基础平面图及基础详图作业指导书

一、目的

1. 熟悉基础图的图示内容和要求。

2. 掌握绘制基础平面图及基础详图的步骤和方法。

二、内容

抄绘基础平面图和基础详图(见教材图8-3和图8-4)。

三、要求

1. 图纸：A3图幅。

2. 图名：基础图。

3. 比例：基础平面图1:100;基础详图1:20。

4. 图线：基础平面图中剖切到的墙身和柱子轮廓线宽度为0.6 mm,未剖切到的条形基础和独立基础的底面外轮廓线宽度为0.3 mm,尺寸线、细点画线、引出线等宽度均为0.18 mm;基础详图中未剖切到的钢筋画成粗实线,宽度为0.5 mm,剖切到的钢筋画成实心黑圆点。

5. 字体：汉字用长仿宋体,各图下方的图名用7号字,比例数字用5号字,轴线编号圆圈中的数字和字母用5号字,尺寸及说明的数字用4号字。

6. 作图准确,图线粗细分明,尺寸标注完整无误,字体端正整齐,图面匀称整洁。

四、说明

1. 先用铅笔画底稿线图,然后按各类图线的宽度要求上墨加深,最后注写断面编号、尺寸和标高数字、图名和说明。

2. 基础平面图中不同底面宽度和不同配筋的条形基础断面均需画上剖切线,并注写相应的断面编号。

3. 基础平面图中材料图例的表示方法与建筑平面图相同。

装饰施工图作业指导书

一、目的

1. 熟悉装饰施工图的基本内容及表达方式。

2. 掌握绘制装饰施工图的步骤和方法。

二、内容

抄绘某餐厅的装饰施工图(见教材图9-1、图9-3、图9-5和图9-8)。

三、要求

1. 用A2图纸,墨线完成,使用绘图纸,不用描图纸。

2. 比例:

(1) 装饰平面布置图、装饰顶棚平面图比例为1∶30或1∶50。

(2) 装饰立面图比例为1∶30,顶棚剖面图1∶30。

3. 图线:

(1) 装饰平面布置图内的墙线宽度为0.6 mm,室内的家具、卫生设备、灯具、陈设、地面分隔线及尺寸线宽度均为0.15 mm。

(2) 装饰立面图内的墙线宽度为0.6 mm,立面轮廓线宽度为0.4 mm,家具、灯具、陈设、通风口及尺寸线宽度均为0.15 mm。

(3) 装饰顶棚平面图内各房间顶棚轮廓线宽度为0.4 mm,木线、灯具、通风口、感烟器及尺寸线宽度均为0.15 mm。

4. 字体为长仿宋体,要求端正、整齐。

5. 作图要准确,图线要清晰,同一线型要一致,尺寸标注要完整。

6. 按装饰平面布置图、装饰顶棚平面图、装饰立面图的顺序绘制。

装饰施工图